Melanie Prenting

Gesprächsführung mit Kolleg*innen, Schulleitungen und Co.

Melanie Prenting

Gesprächsführung mit Kolleg*innen, Schulleitungen und Co.

Handwerkszeug für Lehrer*innen

Melanie Prenting arbeitete nach dem Studium von Germanistik und Theologie zunächst als Gymnasiallehrerin, bevor sie 2010 hauptberuflich als Dozentin in die Erwachsenenbildung wechselte. Sie verantwortet am Institut für Lehrerfortbildung Essen, NRW, den Fachbereich Lehrerprofessionalität und Lehrerpersönlichkeit. Die Schwerpunkte ihrer Fortbildungsangebote liegen in den Bereichen Gesprächsführung, systemische Beratung und der Qualifikation von Schulleitungspersonen. Sie ist Supervisorin und Coach (M.A.) sowie Gesundheitscoach.

Dieses Buch ist erhältlich als:
ISBN 978-3-407-25873-1 Print
ISBN 978-3-407-25890-8 E-Book (PDF)

Werderstraße 10, 69469 Weinheim
service@beltz.de

Umschlaggestaltung: Michael Matl
Umschlagabbildung: getty images © bluebearry

Satz und Herstellung: Michael Matl
Druck und Bindung: Beltz Grafische Betriebe, Bad Langensalza
Beltz Grafische Betriebe ist ein Unternehmen mit finanziellem Klimabeitrag (ID 15985-2104-1001).
Printed in Germany

Weitere Informationen zu unseren Autor:innen und Titeln finden Sie unter: www.beltz.de

Inhalt

1. Professionelle Gesprächsführung 7
1.1 Was heißt »professionelle« Gesprächsführung? 7
1.2 Professionelle Gesprächsführung und Authentizität 10
1.3 Was tun in Tür-und-Angel-Situationen? 12
1.4 Gespräch ist nicht gleich Gespräch – Einige Kategorien 15
1.5 Gute Vorbereitung ist die halbe Miete 19

2. Kurz und knapp – Einige Grundlagen zu Wahrnehmung und Kommunikation 22
2.1 Sehen, sagen, deuten, verstehen 22
2.2 Kommunikationstheorien und ihr Nutzen für den Alltag 25

3. Schwierige Gesprächssituationen meistern 39
3.1 »Wie sag ich's nur?« – Schlechte Nachrichten und heißer Brei 39
3.2 Nicht nur in Zeiten von Corona – Gespräche in und über Krisensituationen 47
3.3 »Beratungsresistenz« – ist ein Unwort 53
3.4 Feedback – Über die Kunst, zu geben und zu nehmen 64
3.5 »Ich habe mich so über einen Kollegen geärgert!« – Jemandem etwas zu Kritisierendes mitteilen 71
3.6 »In diesem Ton nicht!« – Vom Umgang mit Angreifern 79
3.7 »Der andere tut einfach nicht, was ich sage!« – Mit gutem Grund 85
3.8 »Können Sie dem Kollegen nicht mal sagen…?« – Umgang mit Beschwerden über andere 92
3.9 »Sie sind eine Flasche!« – Mit unsachlicher Kritik umgehen 98
3.10 Silence is golden? – Umgang mit Schweigen und Schweigern 105
3.11 »Ich kann doch nichts dafür… und eigentlich ist es doch auch gar nicht schlimm….« – Spielarten der Passivität 111
3.12 »Zum Thema bitte« – Ablenker, Ausweicher, Sprunghafte 117
3.13 »Rein sachlich betrachtet…« – Die Balance zwischen Inhalts- und Beziehungsebene 122

3.14 »Das wollte ich doch eigentlich gar nicht sagen!« – Wer spricht, wenn ich spreche ... 129

4. Jedes Gespräch ist ein Mehr an Erfahrung ... 135

4.1 Die anderen sind anders ... 135
4.2 Ein Gespräch kommt selten allein ... 135
4.3 Wenn Sprechen nicht mehr geht ... 137
4.4 Mail, Messenger & Co – Digitale Kommunikation ... 138

Literaturverzeichnis ... 140

1. Professionelle Gesprächsführung

1.1 Was heißt »professionelle« Gesprächsführung?

Ein Berufsalltag in der Schule ist durch Gespräche ganz unterschiedlicher Art geprägt. Nicht nur die typischen Unterrichtsgespräche, sondern auch Gespräche in kleineren und größeren Konferenzsituationen, Abstimmungsgespräche mit Kolleginnen und Kollegen, Elterngespräche, Gespräche mit Schülerinnen und Schülern in Beratungs-, Klärungs- und Kritiksituationen, Smalltalk, Informationsgespräch und viele andere machen Lehrende, Schulleitungspersonen und Mitarbeitende in den Schulen Tag für Tag zu professionell Gesprächsführenden. Menschen sind per se soziale, kommunikative Wesen und speziell für Menschen in pädagogischen Berufen ist das Gespräch ein wesentliches Instrument ihrer Tätigkeit. Wie kaum ersetzbar Gespräche durch andere Kommunikationsformen sind, zeigt sich aktuell in der Zeit der Corona-Pandemie: Fernunterricht per Email und Konferenzen per Videochat sind nur ein unvollkommener Ersatz für die Begegnungen und Gespräche von Mensch zu Mensch.

Wenn sich dieses Buch nun mit der »professionellen« Gesprächsführung beschäftig, sind damit mehrere Aspekte gemeint:

Zum einen sprechen und agieren die Beteiligten bewusst in und aus ihren jeweiligen Rollen heraus: Es macht einen Unterschied, ob Sie als Lehrerperson oder als Elternteil sprechen, als Schulleitung oder als Referendar, als Schülerin oder als Freundin, als Hausmeister oder als Sportskumpel. In ihren Rollen begegnen sich die Menschen in der Schule in einer nicht freiwillig gewählten Konstellation. Eine Klassengemeinschaft, eine Elternpflegschaftsrunde und ein Kollegium kommt aufgaben- oder anlassgebunden und mit einem gemeinsamen Ziel zusammen. Die Akzeptanz dieser Rahmenbedingungen und eine wertschätzende, offene, kooperative und zugleich rollenklare Gestaltung dieser vielfältigen Beziehungen sind ein Merkmal von Professionalität.

Zum zweiten finden sich im schulischen Kontext ganz unterschiedliche Rahmen- und Kontextbedingungen, aus und in denen sich verschiedene Gesprächssituationen ergeben. Eine Konferenz ist eine andere Form von Veranstaltung und folgt anderen Regeln als die kollegiale Runde im Lehrerzimmer, auch wenn die beteiligten Personen größtenteils dieselben sind. Ein Kritikgespräch braucht ein anderes Timing und andere Gesprächstechniken als eine Beratungssituation. Hierfür ein Bewusstsein zu haben und es mit den Beteiligten gegebenenfalls transparent herzustellen, ist ein zweites Merkmal von Professionalität.

Drittens beinhaltet Professionalisierung einen Lern- und Trainingsprozess. In vielen Situationen agieren wir zunächst auf der Grundlage unserer Intuition, die sich aus bewusst und unbewusst gemachten und gedeuteten Erfahrungen unserer Lebens- und Berufsbiografie speist. Diese verdichten sich, zusammen mit Glaubenssätzen und Deutungsmustern, zu sogenannten subjektiven Theorien, die oft über die Maßen stabil sind. So sind für Lehrerinnen und Lehrer oft die Erfahrungen aus ihrer eigenen Schulzeit nachhaltig prägend und lassen sich durch Studium und Ausbildung nur schwer modifizieren. Vielmehr stabilisieren sich die subjektiven Theorien durch beständige Praxis in einem zirkulären Kreislauf immer wieder gegenseitig (Wahl 2006). Wer durch Lehrpersonen oder ein Schulsystem geprägt wurde, das sich durch Leistungsdruck oder eine hohe Beziehungsqualität oder besondere Lernformen ausgezeichnet hat, wird berufszeitlebens ein besonderes Augenmerk darauf legen, ähnlich wie Kinder, die oft frühe familiäre Prägungen reproduzieren. Selbst wenn es sich um negative Erfahrungen handelt, braucht es eine gute Distanz und hohe (Selbst-)Reflexion, nicht automatisch in altbekannte Muster zu verfallen.

So kommt es, dass auch der größte Teil der beruflichen Gesprächssituationen wie von selbst, intuitiv – und meist erfolgreich – verläuft, ohne dass sich die Beteiligten vorher bewusst viele Gedanken über ihr Gesprächsverhalten und ihre Strategie machen. In der Reflexion können die Akteure im Nachhinein selbst oft gar nicht genau beschreiben, warum die Gespräche so und nicht anders verlaufen sind.

Umgekehrt sind auch die Fallen immer wieder die gleichen. In welchen Situationen jemand aufs kommunikative Glatteis gerät und Gespräche kompliziert werden, hat, wie in den schulischen Lernfächern auch, zum einen mit persönlichen Vorlieben, Stärke und Schwächen zu tun, andererseits mit den Gegenständen, die mehr oder weniger schwierig und herausfordernd sind: Eine Konfrontation mit Kritik ruft Verunsicherung und eine Verteidigungshaltung hervor; Situationen, in denen eine Beratung gefragt ist, lösen Stress aus und den inneren Druck, einen perfekten und hilfreichen Rat zu haben; Ein schwieriges Gespräch klingt noch lange im Kopf nach und gedanklich Abstand zu gewinnen, fällt schwer.

Professionelles Handeln hingegen beinhaltet nicht nur intuitives, sondern zusätzlich reflektiertes Tun, das heißt ein analytisches Bewusstsein dafür, wie sich Gespräche so anlegen und steuern lassen, dass ihre Wahrscheinlichkeit, konstruktiv zu verlaufen, steigt, ebenso wie ein Verständnis dafür, aus welchen Gründen sie scheitern können. Es braucht dazu Wissen und Können, Geduld und Übung, das theoretische Wissen in praktisches Handeln zu überführen. Um durch eine neue Erkenntnis die eigenen subjektiven Theorien irritieren, anreichern oder verändern zu lassen, sind die Bereitschaft nötig, die eigene Komfortzone zu verlassen, der Mut, Neues auszuprobieren, und eine Reflexion als Evaluation des neuen Handelns. Wie für Sportler oder Musiker gilt auch in dieser Sache, dass eine Mischung aus Talent und Training den Erfolg ausmacht. Der Lohn ist ein erweitertes Repertoire und ein damit souveräneres Agieren auch in schwierigen Situationen. »Das Lernziel Kommunikationsfähigkeit braucht«, so Friedemann Schulz von Thun (1981, S. 166), »ein Curriculum, das die seelische Gesundheit der Gesamtpersönlichkeit fördert [...] Selbsterfahrung und Selbstakzeptierung haben der Einübung eines neuen Verhaltens voraus- oder zumindest mit ihr einherzugehen.«

Ein Viertes: Was Professionalität hingegen nicht meint, ist ein schematisches Erlernen einer Ansammlung von Tipps und Tricks, um damit Menschen und Situationen zu manipulieren. Seminarteilnehmer wünschen sich in Gesprächstrainings oft »Handwerkszeug« um das Gegenüber »zu knacken« oder schwierige Situationen quasi siegreich zu bestehen. Das Anliegen ist verständlich, denn die eigene Position zu vertreten, sich in bestimmten Belangen durchzusetzen und Einfluss zu nehmen, ist in beruflichen Kontexten durchaus notwendig. Wenn etwa in einer Konferenz über lange Zeit nur herumdiskutiert wird ohne je eine Entscheidung zu fällen, stimmt etwas an der Organisations- und Kommunikationskultur nicht. Wenn ein Schüler wieder und wieder auf die gleiche Weise ermahnt wird, ohne dass die Ermahnungen Erfolg zeigen, sind die Gespräche in dieser Form obsolet.

Zu einer reifen Professionalität gehören aber neben gutem und vielfältigem Handwerkszeug auch eine innere Haltung des Respekts, der Wertschätzung und der Kooperationsbereitschaft. Was es braucht, sind Gesprächstechniken, die nicht auf Macht, Manipulation und Gewinnen ausgelegt sind, sondern auf Stärke, Verantwortung und Kooperation. Ein Lehrer, eine Lehrerin, die auf der Grundlage ethischer Werte und eines verantwortungsvollen Menschenbild agieren, darf viele gesprächstechnische Fehler machen, ohne dass letztlich großer Schaden entsteht, wo hingegen jede noch so ausgereift angelernte Gesprächstechnik nur in Verbindung mit einer stimmigen inneren Haltung positiv wirksam ist.

Sie können das in einem kleinen Experiment ausprobieren, in dem Sie sich mit einem Partner zusammentun und dreimal aus einigen Metern Entfernung aufeinander zugehen. In den drei Durchgängen denken Sie in selbst gewählter Reihenfolge eines der folgenden Statements und versuchen die entsprechende Stimmung möglichst auch zu fühlen: »Schön dich zu sehen!« oder »Dich will ich jetzt eigentlich gar nicht treffen.« oder »Mit dir habe ich noch ein Hühnchen zu rupfen!«.

Spielen Sie die Emotionen nicht wie ein Schauspieler aus, sondern gehen Sie für diese Übung äußerlich möglichst in gleichem Tempo, gleicher Körperhaltung, mit gleichem Gesichtsausdruck auf den Partner zu, nehmen Sie innerlich aber eine der drei beschriebenen Haltungen ein.

Nach den drei Durchgängen darf Ihr Partner raten, in welcher Reihenfolge Sie die Sätze gedacht haben. Tauschen Sie dann die Rollen.
Vermutlich werden Sie überrascht sein, wie hoch die Trefferquote ist. In subtilen kleinen Veränderungen, sogenannten Mikroexpressionen, welche vom Gegenüber durch seine Spiegelneuronen oft ebenfalls unbewusst aber sehr präzise wahrgenommen werden, spiegeln Mimik und Gestik unserer Innenleben wider.

In diesem Zusammenhang noch eine Anmerkung zur Zielrichtung dieses Buches: Die Formulierungshilfen und »How to do«s sind zum Zweck einer hohen Praxisnähe und schnellen, konkreten Anwendbarkeit gedacht. Sie sind keine Patentrezepte oder Wundersätze, die immer funktionieren. Sie können die Formulierungshilfen als eine Art Geländer nutzen, an dem Sie in schwierigen Situationen entlanggehen können, bis Sie sich (wieder) sicher fühlen und freihändig gehen können. Die Idee ist – und auch das ist ein Beitrag zur Professionalisierung – darin die eigene Sprache zu finden und einen Zusammenklang mit der eigenen Persönlichkeit, dem eigenen Ton, dem eigenen Auftreten herzustellen.

1.2 Professionelle Gesprächsführung und Authentizität

Fragt man Teilnehmerinnen und Teilnehmer in Seminaren und Trainings nach Zutaten für gelingende Gesprächsführung, fällt nahezu immer der Begriff der Authentizität, manchmal verbunden mit der Skepsis, ob Authentizität und Professionalität nicht im Widerspruch zueinander stünden. Dazu ist zunächst zu überlegen, was Authentizität überhaupt meint.

Versteht man Authentizität als ungefilterte Äußerung aller Stimmungs- und Gefühlslagen und als rein impulsgesteuerte Reaktion auf Außenreize, ist sie sicher kein guter Ratgeber für berufliche Situationen und kann das soziale Miteinander auch im Privaten belasten. Sie wird vielmehr bestenfalls zu einer unprofessionellen Zumutung, die als besondere Eigenheit der Person wahrgenommen wird, schlechtestenfalls zu einem Zeichen narzisstischen Verhaltens, das die eigene Bedürfnisbefriedigung über die der anderen Menschen oder die Erfordernisse der Situation stellt.

Wird Authentizität jedoch verstanden als Echtheit, Aufrichtigkeit und Im-Einklang-Sein mit sich selbst, kann sie in gute Verbindung mit der Professionalität treten. Die Annahme, wir hätten einen Wesenskern, den zu zeigen ein Ausdruck von Authentizität ist, ist verkürzt, denn unser Kern ist immer schon Ergebnis von Erfahrungen und Sozialisation. Authentisch ist letztlich also nicht das, was wir sind, sondern vielmehr das, was an uns stimmig wahrgenommen wird. Wir wirken dann besonders authentisch, wenn wir die Rolle, in der wir uns bewegen auf markante, wiedererkennbare und glaubwürdige Weise ausfüllen. Selbstkontrolle und Selbststeuerung machen aus einer ungefilterten Authentizität eine professionelle und sozialverträgliche »Authentizität 2.0«. (Wachtel 2019, S. 58)

Authentizität ist also immer auch rollenbezogen zu denken. Wir leben nicht in einem neutralen Raum mit einem unbeschriebenen Ich, sondern unsere Persönlichkeit hat viele Facetten, die wir in unterschiedlichen Kontexten ganz selbstverständlich unterschiedlich abrufen und zeigen. Einem Kind gegenüber verhält man sich anders als dem Chef, der Chefin gegenüber: Die Art zu sprechen ist eine andere, die Wortwahl und Stimmhöhe, die die Körperhaltung, die Gestaltung von Nähe und Distanz, die Fürsorglichkeit beziehungsweise Abgrenzung und so fort. In beiden Situationen können wir uns aber gleichermaßen authentisch verhalten und fühlen, wenn wir rollen- und kontextstimmig im Einklang mit uns selbst agieren.

Schwierig wird es erst dann, wenn Menschen sich in Rollen wiederfinden, die für sie nicht passend sind: ein Lehrer, der leider zu spät feststellt, dass er eigentlich Kinder gar nicht mag, ein Polizist, der nicht durchsetzungsfähig ist, eine Krankenschwester ohne fürsorglichen Anteil oder ein Schulleiter, der unter der Verantwortung leidet und viel lieber wieder ausschließlich unterrichten würde. Wer gegen seine Identität lebt und insofern nicht authentisch sein kann, wird langfristig krank.

Umgekehrt bedeutet Professionalität nicht, mit Gefühlskälte eine Rolle ausfüllen zu müssen, sondern im Wort ist das lateinische *professio* enthalten, was so viel bedeutet wie ein Bekenntnis zu, eine Leidenschaft für etwas. Ein Profi ist jemand, der sich mit besonderen Fähigkeiten einer spezifischen Aufgabe widmet. Mit diesem Verständnis ist eine authentische Professionalität kein Widerspruch, sondern eine Grundvoraussetzung unseres beruflichen Handelns.

Man kann sagen, dass sich die Authentizität eher nach innen richtet (»Authentizität […] ist eine deutlichere (und bejahende) Wahrnehmung der eigenen Innenwelt und eine geringere Besorgtheit um die Selbstdarstellung« (Schulz von Thun 1981, S. 123)), Professionalität eher nach außen, womit eine Verbindung entsteht, die viele klassische Kommunikations- und Persönlichkeitsmodelle prägt: Ruth Cohn, die Begründerin der Themenzentrierten Interaktion etwa, spricht von gleichzeitiger Interdependenz und Autonomie des Menschen (Cohn/Farau 1984, S. 357), der Familientherapeut Helm Stierlin von bezogener Individuation (Hubrig/Herrmann 2007, S. 40) usw..

Gelingende Gespräche sind folglich auf eine dreifache Weise stimmig: stimmig in der Wahrnehmung und im Ausdruck meiner selbst, stimmig im Sehen und Eingehen auf den anderen und stimmig im jeweiligen Kontext und der Situation gemäß. Eine professionelle Authentizität ist dabei eine selektive Authentizität (nach Ruth Cohn), das heißt, nicht alles was ich denke und fühle, teile ich mit, aber alles, was ich mitteile, entspricht meinem wirklichen Denken und Fühlen – gute Leitlinien im Übrigen nicht nur für berufliche Kommunikation.

1.3 Was tun in Tür-und-Angel-Situationen?

Schule ist schnelllebig und hoch getaktet. Oft sind viele der Beteiligten, Schülerinnen und Schüler, Lehrerinnen und Lehrer, nur halbtags vor Ort anwesend, in Schulen mit vielen Teilzeitstellen der Mitarbeiter oder Epochenunterricht der Auszubildenden nicht einmal das. Und das Ganze auch nur gut 40 Wochen im Jahr. Die Eltern der Kinder sind, wenn überhaupt, nur zu wenigen Terminen im Jahr in der Schule. Es gibt kaum ein Unternehmen oder eine Organisation, die insgesamt mit so vergleichsweise wenig Präsenzzeit der Mitarbeiterinnen und Mitarbeiter auskommt und gleichzeitig so eng im und aus dem Kontakt zu Menschen heraus arbeitet (zumindest, wenn nicht gerade eine Pandemie Zusammenkünfte verhindert).

Es liegt also in der Natur der Sache, dass viele Lehrerinnen und Lehrer das Gefühl haben, ungeheuer viel in kurzer Zeit quasi nebenher regeln, klären und besprechen zu müssen. Kolleginnen und Kollegen an Ganztagsschulen berichten oft, dass sie zwar einerseits ihre freie Zeiteinteilung an den Nachmittagen aufgeben mussten, sich andererseits aber die hohe Taktung der Absprachen und Erledigungen entschleunigt habe zugunsten besserer Möglichkeiten der Kooperation und Zusammenarbeit.

Da die Anzahl der Gesprächsanlässe und der Gesprächspartner groß ist, besteht oft die Notwendigkeit, viele auch wichtige Dinge quasi zwischen Tür und Angel regeln zu müssen und überraschend viel lässt sich tatsächlich auf diese Weise kurz klären oder klärt sich gar von selbst. Manchmal erweist sich aber die Gelegenheit, eine Angelegenheit schnell und nebenbei zu erledigen, als trügerisch. Ob ein Gespräch einen anderen Kontext, einen anderen Ort, Ruhe, Zeit und Vorbereitung braucht, stellt sich oft eben auch erst zwischen Tür und Angel heraus, wenn die Auseinandersetzung bereits läuft und die Dynamik es erschwert, noch einmal auszusteigen und sich zu vertagen, sofern sie nicht tatsächlich vom nächsten Termin oder dem Schulgong unterbrochen wird. Drei Impulse zum Umgang mit solchen Situationen:

- Beratungsanliegen:
  Menschen in sozialen, beratenden, seelsorglichen und auch pädagogischen Berufen erleben häufiger Situationen, in denen sie mit einem wichtigen persönlichen Anliegen konfrontiert werden, für dessen Bearbeitung in der aktuellen Situation augenscheinlich nicht ausreichend Zeit zur Verfügung steht. Zum Beispiel bittet Sie ein Elternteil nach einem Informationsabend beiseite und deutet eine schwierige familiäre Situation an, es ist aber bereits spät und Sie müssen dringend nach Hause. Ein Schüler bleibt nach der Unterrichtsstunde in der Klasse und druckst mit einem Anliegen herum, Sie müssen aber schnell in die Klausuraufsicht. Eine Kollegin fühlt sich sichtbar überlastet und sucht den Kontakt zu Ihnen, Sie brauchen aber dringend Ihre Pause, um selbst einen Moment durchzuatmen.

In solchen Situationen sollten Sie mit Augenmaß reagieren. Wenn Sie das Anliegen eilig abtun oder bewusst überhören, würde es das Vertrauen, das Ihr Gesprächspartner Ihnen gegenüber aufgebracht hat, beeinträchtigen. Bedenken Sie, dass Ratsuchende manchmal bewusst Situationen wählen, in denen ein langes Gespräch (noch) gar nicht möglich ist, um erstmals den Mut zu fassen, etwas Persönliches anzusprechen. Ad hoc ein Beratungsgespräch zu führen ist dann weder möglich, noch wird es erwartet.
Benennen Sie die Wahrheit der Situation und schließen Sie einen angemessenen Kontrakt, etwa nach dem Muster: »Sie sprechen mich in einer Situation an, in der uns leider nur wenig Zeit zur Verfügung steht. Was, denken Sie, kann ich hier und jetzt in dieser Fragestellung für Sie tun?« (Lohse 2013) Damit ermöglichen Sie sowohl Ihrem Gesprächspartner als auch sich selbst ein gemeinsames Bewusstsein für den Kontext und die Möglichkeiten der Situation. Ihr Gegenüber fühlt sich und sein Problem gesehen, Sie selbst schützt es vor dem Impuls, einen pauschalen Ratschlag zu geben und vor dem Anspruch, wie ein Wunderheiler aus dem Stand ein Problem lösen zu wollen.
Möglicherweise ergibt sich aus einem solchen Kurzgespräch die Grundlage für ein längeres Beratungsgespräch, in jedem Fall entsteht aber eine Basis für einen weiteren Kontakt. Sind Sie hingegen der Auffassung, dass Sie nicht der richtige Ansprechpartner für die Thematik sind, geben Sie zu verstehen, dass Sie das Anliegen Ihres Gegenübers wahrnehmen und würdigen, und verweisen dann auf eine geeignete Person oder Beratungsstellestelle.
(Näheres zum Thema Beratungsgespräche findet sich in Kap 3.3 ›Beratungsresistenz – ist ein Unwort‹)

- Kritik oder Beschwerde:
  Angenommen Sie werden zwischen Tür und Angel mit einer Beschwerde oder einer Kritik konfrontiert, dann können Sie ganz ähnlich vorgehen. Geben Sie einerseits dem Gegenüber zu verstehen, dass seine Beschwerde oder seine Kritik angekommen ist und von Ihnen wahrgenommen wird. Benennen Sie andererseits auch die Begrenzung durch die Situation, um die Erwartungen realistisch zu halten und auch um sich selbst zu schützen. Je nach Anliegen, Personen und Energielevel kann es sonst passieren, dass es in der Eile zu einer Eskalation kommt, die in einem ruhigen, gesammelten Kontext vermeidbar gewesen wäre. Wenn Sie unvorbereitet sind oder in einer Situation, in der Sie in Eile oder mit den Gedanken bei einer anderen Sache sind, oder vor Publikum, etwa auf dem Schulflur oder im Lehrerzimmer, mit Kritik oder Beschwerden konfrontiert werden, ist die Gefahr groß, unbedachter und emotionaler zu reagieren als angemessen und gut wäre. Vielleicht lassen Sie sich zu einem Gegenangriff verleiten, beginnen sich zu rechtfertigen oder fühlen, dass der Konflikt von einer sachlichen auf eine persönliche Ebene gleitet, was in einer ruhigen Situation, gesammelt und vorbereitet, nicht passiert wäre. Sie tun also weder sich, noch

dem Gegenüber, noch der Sache oder der Atmosphäre in Ihrer Schule einen Gefallen damit, auf Kritik vorschnell und zwischen Tür und Angel zu reagieren. Wohlgemerkt bedeutet das keinesfalls, alle Emotionen im beruflichen Kontext wegregulieren zu müssen, aber es meint, dafür zu sorgen, dass Sie ein schwieriges Gespräch mit klarem Kopf und unter Zugriff auf Ihre Ressourcen führen können. Schlechte Voraussetzungen also, wenn Sie an einem Schulvormittag unvermittelt und zwischen vielen anderen Belangen und Aufgaben in ein Kritikgespräch verwickelt werden. Umgekehrt gebietet es die Fairness, wenn Sie eine Kritik vorbringen möchten oder müssen, dazu einen geeigneten Termin auszumachen und den Anlass vorab transparent zu benennen, ohne sich schon verwickeln zu lassen.

- Anfragen und Aufträge:
  Der dritte Fallstrick in Tür-und-Angel-Situationen kann sich zeigen, wenn es sich um scheinbar kurze sachliche Gesprächsanliegen handelt, wie Nachfragen, Bitten um Rückmeldung oder eine Entscheidung etc., die sie nicht spontan beantworten können, sondern über die Sie nachdenken, für die Sie recherchieren, für die Sie arbeiten müssen. Aus einer Aufgabe oder einem Problem Ihres Gesprächspartners ist im Nu ein Arbeitsauftrag geworden. In manchen Situationen ist das notwendig und richtig, in anderen ist es gut, erst einmal zu prüfen, ob Sie das Thema überhaupt annehmen möchten.
  Ein Management-Handbuch (Blanchard/Oncken/Burrows 1990) wählt dafür das Bild eines Affen. Die Autoren beschreiben eine Szene, in der ein Manager von einem Mitarbeiter angesprochen wird mit den Worten »Kann ich Sie einen Moment sprechen? Wir haben da ein Problem.« Der Manager hört zu, Problemlösung ist schließlich seine Aufgabe, merkt nach einer halben Stunde, dass er in den nächsten Termin muss und verspricht seinem Mitarbeiter, über die Frage nachzudenken und ihn dann wieder anzusprechen. Er kommt später zu der Einsicht: »Bevor ich meinen Mitarbeiter im Flur treffe, hat er den Affen auf dem Rücken. Dann sprechen wir miteinander und beschäftigen uns beide mit dem Problem: Der Affe hangelt sich mit einem Bein zu mir herüber. Schließlich sage ich: »Ich überlege mir die Sache und spreche Sie wieder an.« Was passiert? Der Affe klammert sich an mich, und mein Mitarbeiter geht erleichtert in sein Zimmer zurück.« (S. 25).
  Der Manager findet schließlich eine Lösung, fremde Affen nicht bei sich wohnen zu lassen: »Wir müssen als erstes [...] klären [...], wessen Problem es ist. Stellt es sich als mein Problem heraus, hoffe ich, dass Sie mir dabei helfen. Ist es Ihr Problem, werde ich Ihnen auch helfen, aber nur unter folgender Bedingung: Ihr Problem [wird] in keinem Moment zu meinem Problem, denn in dem Moment, in dem Ihr Problem mein Problem wäre, hätten Sie ja überhaupt kein Problem mehr, und ich helfe prinzipiell niemandem, der überhaupt kein Problem hat!« (S. 67)

Eine sicher nicht eins-zu-eins in den schulischen Kontext übertragbare Reaktion, aber das Bild eines Affen, der jedes Mal auf unsere Schulter hüpft und dort gehegt und gepflegt werden will, wenn wir einen Auftrag übernehmen, kann doch mit einem Augenzwinkern vor belastenden Nebenwirkungen von Tür-und-Angel-Situationen schützen. Menschen, die leicht und schnell Aufträge hören und übernehmen, selbst da, wo möglicherweise gar keine sind, sind besonders anfällig für eine stattliche Affenhorde, die sie selbst oft an den Rand der Erschöpfung führt.
Halten Sie kurz inne und überlegen Sie, ob es wirklich einen Auftrag gibt und ob Sie ihn annehmen möchten oder aufgrund Ihrer Rolle oder Aufgabe müssen. Auch hier hilft eine Art Kontrakt: Ich habe wahrgenommen, dass Sie über das Thema mit mir sprechen möchten. Was genau ist dabei Ihr Anliegen an mich?

Tür-und-Angel-Situationen sind also in manchen Fällen nicht mehr, aber auch nicht weniger als Gesprächseinstiege, die eine Fortsetzung in einem anderen Kontext benötigen. Auch wenn Zeit eine wertvolle Ressource im Schulalltag ist, ist sie doch für schwierige Gespräche eine wichtige und gute Investition. Aus der Summe der Einzelgespräche entwickeln sich letztlich die Kommunikations-, Beziehungs- und Konfliktkultur einer Schule. In jedem noch so kurzen Gespräch entsteht Kontakt und wir haben ein sensibles Empfinden dafür, ob unser Anliegen hektisch abgetan oder wertschätzend vertagt wird. Letztlich ist eine gute Kommunikationskultur ein Beitrag zur (Berufs-)Zufriedenheit und Gesundheit der gesamten Schulgemeinschaft, weil sie spiegelt, wie sich dort Menschen begegnen.

1.4 Gespräch ist nicht gleich Gespräch – Einige Kategorien

Wenn Gespräche von der ersten Sekunde an schwierig sind, kann das daran liegen, dass gar kein gemeinsames Verständnis der Gesprächspartner über Art und Anlass des Gesprächs besteht. Es gibt, kommunikationstheoretisch gesprochen, keinen Kontrakt. Grob kategorisiert lassen sich folgende typische Gesprächssituationen für den Schulalltag unterscheiden:

- *Informationsgespräche*, die zum Ziel haben, dem Gesprächspartner bestimmte Sachverhalte mitzuteilen und diese gegebenenfalls zu erläutern. Je nachdem, wie komplex zu verstehen und wie folgenreich die Informationen für den Empfänger sind, ergibt sich die Gestaltung des Gesprächs.
  Der Sprecher hat einerseits die Aufgabe, dafür Sorge zu tragen, dass das Gegenüber die Informationen kognitiv verstehen kann: Hat der Schüler die Feinheiten in der Schullaufbahnberatung verstanden? Muss eine komplexe Fachsprache

wie zum Beispiel Juristendeutsch vereinfacht werden? Gibt es eine Sprachbarriere bei Familien mit Migrationshintergrund?
Zum anderen sollte er in seiner Vorbereitung zu antizipieren versuchen, welche Wirkung die Information möglicherweise im Gesprächspartner auslöst, und sich innerlich auch auf emotionale Reaktionen einstellen. (Mehr dazu im Kap. 3.1 »›Wie sag ich's nur?‹ – Schlechte Nachrichten und heißer Brei«)

- *Anleitungsgespräche* sind eine Art didaktischer Gespräche. Bildhaft gesprochen zeigt darin ein Meister einem Novizen, wie eine bestimmte Handlung funktioniert. Lehrerinnen und Lehrer leiten Schülerinnen und Schüler in ihrem jeweiligen Fachunterricht an, Ausbildungslehrer leiten Referendare in der Unterrichtsgestaltung an, der IT-Beauftragte leitet die Kolleginnen und Kollegen in Sachen Computertechnik an.
  Anleitungsgespräche bekommen manchmal einen Anteil von Beratungsgesprächen, und zwar immer dann, wenn der Anleiter versucht, die Ressourcen und die eigenen Lösungsideen des Gegenübers zu aktivieren. Das ist in einem bestimmten Rahmen didaktisch klug, insbesondere um einem sehr passivem Verhalten des Angeleiteten vorzubeugen. Geschieht es jedoch nur aus der Verlegenheit, sich nicht als Experte exponieren zu wollen, oder aus dem Wunsch heraus, der andere möge meine Lösung bitte selbst finden (auch bekannt als »Ostereipädagogik«), ist es – auch unter Erwachsenen und auch in Ausbildungssituationen – angemessener und durchaus erlaubt, etwas zur Nachahmung zu zeigen oder zu lehren.
- *Bewertungsgespräche*, die in der Schule in der Regel zwischen Lehrern und Schülern stattfinden, aber auch zwischen Erwachsenen, etwa wenn sich ein Lehrer auf eine Funktionsstelle beworben hat oder in einer Unterrichtsnachbesprechung zwischen den Seminarausbildern und einem Referendar oder Lehramtsanwärter. Das Verhältnis der beiden Gesprächspartner ist dabei nicht gleichrangig, sondern hierarchisch angelegt, anders als in *Feedbackgesprächen*, in denen die gegenseitige Rückmeldung und die Freiwilligkeit der Situation die beiden Gesprächspartner in eine weitaus symmetrischere Beziehung setzt.
- In *Feedbackgesprächen* teilen sich die Gesprächspartner gegenseitig ihre Beobachtungen zu bestimmten Verhaltensweisen mit und legen deren Wirkung auf sich offen. Feedbackgespräche tragen insbesondere dann die Gefahr in sich, zu unterschwelligen Bewertungsgesprächen zu werden, wenn hochprofessionelle Bewerter und Notengeber, wie es Lehrerinnen und Lehrer es sind, sie führen. Manche Feedbackgespräche gehen auch in Beratungsgespräche über, was dann aber im gegenseitigem Einverständnis kontraktiert werden sollte. (Mehr zu Feedbackgesprächen im Kap. 3.4 »Feedback – Über die Kunst, zu geben und zu nehmen«)
- *Kritikgespräche*, in denen ein Gesprächspartner auf ein Fehlverhalten und seine Folgen angesprochen wird. Das Anliegen und meist die Gesprächsleitung hat

hier derjenige, der das Gespräch initiiert. Auch Beschwerden sind eine Form von Kritikgesprächen.
Werden umgekehrt Sie selbst mit Beschwerden, Kritik oder Vorwürfen konfrontiert, ist es wichtig, sich nicht in die passive Rolle eines Angeklagten manövrieren zu lassen oder sie aus Verunsicherung selbst einzunehmen, sondern konstruktiv und sachbezogen nach einer Lösung zu suchen. (Mehr zu Kritikgesprächen im Kap. 3.5 »›Ich habe mich so über einen Kollegen geärgert!‹ – Jemandem etwas zu Kritisierendes mitteilen«)
- *Klärungsgespräche* finden vor allem dann statt, wenn es bereits mehrere wirkungslose Kritikgespräche in einer Angelegenheit gegeben hat. Ihr Ziel ist zu verstehen, warum und aus welcher Motivation heraus das Gegenüber an unerwünschten Verhaltensweisen festhält. Es gibt Schüler, die immer wieder mit dem gleichen Fehlverhalten auffallen und weder durch Gespräche noch durch disziplinarische Maßnahmen zu einer Änderung zu bewegen sind. Die Hypothese in Klärungsgesprächen ist, dass jeder Mensch einen Grund hat, sich genau so zu verhalten, wie er es tut. Er zieht aus seinem Verhalten einen Gewinn, der größer ist als der Preis der unangenehmen Konsequenzen. (Mehr zu Klärungsgesprächen im Kap. 3.7 »›Der andere tut einfach nicht, was ich sage!‹ – Mit gutem Grund«)
- In *Beratungsgesprächen*, die sich grob in Expertenberatung und Prozessberatung unterscheiden lassen, gehen Anliegen, Initiative und Auftrag zur Beratung von der ratsuchenden Person aus. Sie ist es auch, die am Ende ihre Lösung wählt, ihre Entscheidung trifft und verantwortet.
Typische Beispiele für eine Expertenberatung sind die Berufsberatung oder die Laufbahnberatung in der Schule. Der Berater, die Beraterin zeigt im Gespräch Optionen auf, gibt weiterführende Informationen, unterstützt mit Denkanstößen. Aus der Beratung generiert dann der Ratsuchende seine persönliche Entscheidung mit allen Konsequenzen. Bei Kindern und Jugendlichen entscheiden je nach Alter natürlich die Erziehungsberechtigten noch mit, immer jedoch mit dem Ziel größtmöglicher Mündigkeit und Eigenverantwortlichkeit der Kinder.
Die Prozessberatung ist im schulischen Kontext eher in der psychosozialen Beratung angesiedelt. Viele Schulen haben ausgebildete Beratungslehrkräfte, Schulsozialarbeiter oder Seelsorger. Auch wenn der Wortklang ähnlich ist, hat Be-Rat-ung in diesem Verständnis wenig mit Rat-schlägen zu tun, sondern ist eine Begleitung und Unterstützung für die eigenverantwortliche und mündige Problemlösung des Ratsuchenden. (Mehr zu Beratungsgesprächen in Kap. 3.3 »›Beratungsresistenz‹ – Ist ein Unwort«)

Die genannten Kategorien sind, wie an einigen Stellen bereits verdeutlicht, nicht völlig trennscharf zu denken. Dennoch ist es oft hilfreich, sich so etwas wie eine Leitkategorie eines Gesprächs bewusst zu machen. Wer hat das Anliegen oder den

Problembesitz? Wer hat das Gespräch initiiert und mit welchem Ziel? Wie ist das Verhältnis der beiden Gesprächspartner zueinander?

Diesen Rahmen zu Beginn eines Gespräches ins Wort zu fassen, schafft Transparenz für alle Beteiligten, hilft, die Erwartungen zu klären, und fokussiert die Gesprächspartner auf das Kommende. Das kann zum Beispiel so klingen: »Wir haben auf diesem Elternsprechtag zehn Minuten Gesprächszeit miteinander. Ich freue mich, dass wir diese kurze Zeit nutzen, uns zu sehen und Kontakt zueinander zu haben. Zunächst würde ich Ihnen gerne beschreiben, wie ich das Lern- und Sozialverhalten Ihres Kindes wahrnehme und Ihnen Informationen zur Begabungsförderung an unserer Schule geben. Umgekehrt bin ich interessiert, wie Sie seine Entwicklung aus Elternsicht sehen. Ist das so auch in Ihrem Sinne oder sind Sie mit einem ganz anderen Anliegen gekommen?« Oder: »Vielen Dank, dass wir jetzt hier zu diesem Gespräch zusammensitzen und uns eine halbe Stunde Zeit nehmen können. Es gibt eine Situation, über die ich mich sehr geärgert habe und die ich gerne mit Ihnen für ähnliche zukünftige Situationen klären möchte.«

In der Anbahnung eines Gesprächs sollten Sie auch den jeweiligen Kontext von Zeit und Raum als ermöglichenden oder limitierenden Faktor berücksichtigen: In einem Zeitfenster von zehn Minuten auf einem Elternsprechtag ist kein Beratungsgespräch möglich, aber es kann für einen späteren Termin vereinbart werden, und das vollbesetzte Lehrerzimmer in der großen Pause ist der denkbar schlechteste Platz für ein Kritikgespräch und sollte für solche Situationen gemieden werden.

Insbesondere sehr lange Gespräche, nach denen die Beteiligten das Gefühl haben, nicht wirklich zum Wesentlichen gekommen zu sein, wollen manchmal zu viel auf einmal und verquicken verschiedene Gesprächstypen auf eine Weise, die möglicherweise eher hemmend als förderlich wirkt. So kann es durchaus sein, dass sich aus einem Informations-, einem Feedback- oder sogar aus einem Kritikgespräch ein Beratungsanlass entwickelt. Es schafft aber Klarheit, den Übergang zumindest zu markieren, selbst wenn es unmittelbar anschließt.

Manchmal erweisen sich auch widersprüchliche Rollen als hinderlich, so zum Beispiel, wenn der Fachlehrer, der eine mangelhafte Note gibt, vom Schüler nicht gleichzeitig als ein Lerncoach akzeptiert werden kann, weil seine Rolle als Bewerter im Vordergrund steht. Oder wenn der Referendar in seiner Ausbildungssituation sich in seiner Rolle nachvollziehbar nicht traut, dem Schulleiter oder Ausbildungslehrer ein offenes Feedback zu geben, weil er die Rollenverteilung nicht als symmetrisch erlebt. Diese Wirklichkeiten sind zu akzeptieren und es ist oft eine Erleichterung für beide Seiten, sie im Gespräch offen auszusprechen.

Ein letztes: Für alle Gespräche, egal welchen Typs, ist ein guter Kontakt die wichtigste Ermöglichungsgrundlage. Wenn Ihr Gegenüber nicht aufnahmebereit ist, werden selbst Sachinformationen nur schwerlich und vielleicht nur mit einem Ohr aufgenommen werden. Wenn kein tragfähiger Kontakt besteht, wird ein Kritikgespräch schneller als Ihnen lieb ist entweder auf Widerstand oder auf Desinteresse stoßen. Und wenn Sie jemandem gegen seinen Willen Beratung angedeihen lassen wollen, werden Sie bestenfalls wirkungslos, schlimmstenfalls übergriffig. Wenn Lehrer Eltern nur dann zum Sprechtag in die Schule einladen, wenn es vom Leistungs- oder Verhaltensbild des Schülers her notwendig erscheint, vertun sie eine Chance, guten Kontakt herzustellen, der weitere auch schwierige Gespräche erleichtert.

Smalltalk ist in diesem Zusammenhang weit mehr als die Bezeichnung vermuten lässt, denn er ermöglicht eine freundliche, themenunabhängige Begegnung, quasi auf neutralem Grund. Wenn sich daraus ein inneres Einstimmen auf den Gesprächspartner ergibt, spricht man in kommunikationstheoretischen und therapeutischen Kontexten von Joining, von einem Einlassen auf die Frequenz des Gegenübers, aus dem sich ein erster Eindruck davon ergibt, wie er in der Welt unterwegs ist: Was ist ihm wichtig? Welche Stimmungslage ist prägend? Welche emotionale »Temperatur« hat er? Welche Sicht hat er auf das gemeinsame Thema? Das ermöglicht Kommunikation in ihrer Herkunftsbedeutung vom lateinischen communicare: teilen, mitteilen, teilhaben.

1.5 Gute Vorbereitung ist die halbe Miete

Viele Gespräche gelingen mit guter Intuition und Erfahrung erfolgreich und quasi nebenbei. Für schwierige Gespräche und ungewohnte Gesprächssituationen ist es lohnenswert, ein wenig Zeit in die Vorbereitung zu investieren.

Die im vorangegangenen Kapitel genannten Gesprächskategorien helfen dabei, sich vorab zunächst das Warum und das Wozu des Gesprächs zu vergegenwärtigen. Das *Warum* fragt nach dem Grund, dem Gesprächsanlass. Es ist oft ein guter Gesprächseinstieg, diesen Anlass für alle Gesprächsteilnehmer explizit zu benennen und so Transparenz herzustellen, auch wenn man meint, es wüssten alle Bescheid – überraschend oft ist das nicht der Fall. Das Aussprechen nützt, sich selbst auf das Hier und Jetzt des Gesprächs zu fokussieren und sicherzustellen, dass alle Beteiligten sich in der gleichen Situation erleben.

Das *Wozu* hingegen fragt nach dem Ziel des Gesprächs. Nicht nur in Kommunikationstrainings erweist es sich oft als ein wichtiger Gelingensfaktor, wenn der Initiator eines Gesprächs eine klare Idee vom Ziel des Gesprächs hat. »Ich wollte nur mal mit dir darüber sprechen.« oder »Mir ist wichtig, das mal gesagt zu haben.« sind durchaus ehrenwerte Ziele im Sinne der eigenen Psychohygiene und zum Beispiel in Beratungsgesprächen oft schon ein wichtiger Zielschritt eines Ratsuchenden. Bei Kritikgesprächen hingegen sollte ein Ziel in einer möglichst konkreten Vereinbarung für die Zukunft bestehen. Ziel und Gesprächsform sind also eng miteinander verbunden.

Versuchen Sie, sich bei Ihrer Vorbereitung auf ein Gespräch das Ziel oder die Zielrichtung so präzise wie möglich zu notieren und verwenden Sie die Notiz als

Gedankenstütze und Erinnerung, es nicht aus den Augen zu verlieren. Bleiben Sie aber auch aufmerksam und offen für Modifikationen, die sich im Gesprächsverlauf ergeben mögen.

Machen Sie sich bewusst, wer welches Interesse an dem Gespräch hat und wie viel Zeit und Energie Sie in das Gespräch investieren möchte. Gibt es ein gemeinsames Verständnis von der Relevanz und Dringlichkeit des Themas oder setzt hier bereits die Suche nach einem Konsens an? Wie hoch ist das Interesse der Gesprächspartner an einer Veränderung der Situation oder der Person? Während es manchmal notwendig ist, sich für die Veränderung einer Situation auch mit Vehemenz einzusetzen, kann eine persönliche Verhaltensänderung nur vom Betroffenen selbst vorgenommen werden. Einen anderen Menschen gegen seinen Willen ändern zu wollen, ist gleichsam unethisch wie erfolglos (was sich in extremo zeigt, wenn Menschen z. B. selbst unter Folter an ihren Überzeugungen festhalten).

Aus Ihrer Gesprächsvorbereitung ergibt sich eine Entscheidung über die angemessenen Rahmenbedingungen des Gesprächs, über Zeit, Raum und Setting. Unterschätzen Sie deren Wirkung nicht: Wenn Eltern in einem leeren Klassenraum auf Schülerstühlen sitzen und ihnen gegenüber am Pult die Lehrperson, ergibt sich eine andere Gesprächsatmosphäre, als wenn sie in einen Besprechungsraum eingeladen werden. Ein Gespräch in der Sitzecke des Schulleiterbüros bekommt von vornherein einen anderen Charakter als eines auf dem Besucherstuhl an seinem Schreibtisch.

Definieren Sie auch den zeitlichen Rahmen von Beginn an. Ein zu lang gestecktes Zeitfenster kann dazu einladen, auszuufernd zu werden – oder es kann zusätzlich beängstigend wirken, wenn Anlass und Thema unangenehm sind. Ein zu knapp gesteckter Rahmen hingegen kann Oberflächlichkeit und ein schnelles, unaufmerksames Gesprächstempo begünstigen. Er kann aber auch Schutz bieten und den Mut befördern, etwas anzusprechen im Bewusstsein, dass es in diesem Moment keine Vertiefung finden kann.

Zum Setting gehören darüber hinaus Ihre Unterlagen, eine Ungestörtheit etwa durch Telefon, Handy und Unruhe auf dem Schulflur, gegebenenfalls ein Getränk, das Verhindern von Zugluft, Blendung etc., viele kleine Details also, die Sie so inszenieren können, dass sie in der Summe Ablenkungen und Störungen vermeiden helfen und die Gesprächsatmosphäre von Beginn an positiv beeinflussen.

Treffen Sie auch vorab die Entscheidung, wer genau an dem Gespräch teilnehmen soll. Ist es sinnvoll, dass der Schüler beim Elterngespräch dabei ist? Darf der Referendar hospitieren? Sollte ein weiterer Kollege oder die Schulleitung an einem Gespräch teilnehmen? Braucht es einen Moderator?

Als letzte wichtige Frage zur Vorbereitung auf ein Gespräch vergegenwärtigen Sie sich Ihre besonderen persönlichen Stärken in der Gesprächsführung und führen Sie sich vor Augen, wie Sie diese im Gespräch werden zur Geltung bringen können. Machen Sie sich auch bewusst, ob es besonderes Glatteis gibt, auf das Sie geraten könnten, und spielen Sie im Kopf durch, wie Sie das vermeiden oder gut damit umgehen können (dieses Buch bietet dazu hoffentlich manche Anregung und Hilfe). Auch hier der Tipp an Übende, sich beides als Gedankenstütze und Selbstvergewisserung zu notieren. Einen »Spickzettel« mit in ein Gespräch zu nehmen, ist keinesfalls ein Zeichen von Unsicherheit, sondern zeugt eher von Respekt gegenüber der Situation, die es wert ist, dass Sie sich darauf vorbereitet haben.

2. Kurz und knapp – Einige Grundlagen zu Wahrnehmung und Kommunikation

2.1 Sehen, sagen, deuten, verstehen

Unsere Wahrnehmung ist ein stör- und fehleranfälliges Gebilde. Sätze wie »Das habe ich doch mit eigenen Augen gesehen!« suggerieren eine Objektivität unserer Sinneswahrnehmungen, die nicht der Realität entspricht, wie zahlreiche wissenschaftliche Studien und Experimente beweisen, von denen einige eine hohe Popularität erlangt haben: Der Gorilla auf einem Basketballplatz, der vom Zuschauer, der ganz damit beschäftigt ist, Ballpässe zu zählen, schlicht nicht wahrgenommen wird. Das Kleid oder der Turnschuh über deren Farbe das weltweite Netz diskutiert. Allerhand optische Täuschungen von unterschiedlich langen Linien und unterschiedlich groß wahrgenommenen Figuren in einem dreidimensionalen Raum über die Zeichnungen des Künstlers M. C. Escher bis hin zu sich scheinbar bewegenden Bildern. Ein Soundlink der von Menschen wahlweise als »Laurel« oder »Jenny« gehört wird und so weiter.

Unsere Wahrnehmung ist nicht nur im Moment, sondern sogar im Nachhinein noch beeinflussbar. Zeugen, denen eine Filmsequenz mit dem Zusammenstoß zweier Autos gezeigt wurde, schätzten deren Geschwindigkeit signifikant unterschiedlich ein, je nachdem wie die Frage formuliert wurde: »Welche Geschwindigkeit hatten die Autos, als sie sich berührt haben?« ergab deutlich langsamere Tempoangaben als: »Mit welcher Geschwindigkeit sind die Autos ineinander gerast?«. Diese Beispiele ließen sich beliebig fortsetzen und faszinieren so, weil sie die Anfälligkeit unserer Sinne zeigen, auf die wir uns doch so gerne so sicher verlassen möchten.

Wenn wir über soziale Wahrnehmung nachdenken, tritt noch eine weitere Kategorie der Unstetigkeit hinzu, nämlich unsere Bewertung der Wahrnehmung. Gelangt von dem, was wir mit unseren Sinnen wahrnehmen können, überhaupt nur ein Bruchteil in unser Bewusstsein (es sei denn, wir haben eine außergewöhnliche Sonderbegabung oder Hypersensibilität) und ist dieser bereits kein Abbild, sondern ein gefilterter Teil der Realität, wird das Wahrgenommene durch unsere Bewertungen erst recht zu unserer ganz subjektiven Weltsicht. Durch unsere Erwartungen, Erfahrungen, Interessen, unsere Konzentration auf das eine und Vernachlässigen des anderen entsteht ein höchst individueller Ausschnitt dessen, was wir die Realität nennen. Je nachdem ob jemand eine eher robuste oder sensible Natur ist, hört der eine schon eine amtliche Beleidigung während der andere maximal müde lächelt. Die selbe Schulklasse wird von der einen Lehrperson als lebhaft und lebendig, von der anderen als schrecklich unruhig wahrgenommen.

Die Gründe für diese unterschiedliche Bedeutungsgebung sind mehrschichtig. So prägen einerseits persönliche Glaubenssätze, also Grundüberzeugungen über die Welt und die Menschen, wie wir sie in unserer Kindheit gelernt haben, unsere Interpretation. Hinzu tritt später z. B. eine Fokussierung durch die eigene Profession, auch déformation professionnelle genannt, die sich bei manchen Lehrerinnen und Lehrern zum Beispiel in einem kritischen Umgang mit Fehlern, einem Hang zur Bewertung oder einer Neigung zum Besserwissertum zeigt. Ein weiterer Faktor, der unsere subjektive Wahrnehmung bestimmt, ist unsere aktuelle körperliche Verfasstheit, ob wir uns wohl fühlen und entspannt sind, gestresst oder krank. Aus dieser dispositiven Gemengelage heraus greifen wir zurück auf vergangene Erfahrungen, die wir automatisch und zumeist unbewusst nutzen um uns in einer neuen Situation zurecht zu finden (Schaffner 2020).

Als beobachtende und erlebende Person beeinflussen wir eine Situation nicht nur durch Bewertung, sondern schon allein dadurch, dass wir Teil des Systems sind. Ob Lehrerin A oder Lehrer B in der Klasse ist, macht einen Unterschied für das Verhalten der Schülerinnen und Schüler. Lehramtsanwärter machen oft die Erfahrung, dass sich eine Lerngruppe anders verhält als sie es in ihrem Stundenentwurf beschrieben haben, weil die Situation sich durch die Anwesenheit von einer oder mehreren zusätzlichen Personen verändert, selbst wenn es sich um keine Prüfungssituation handelt. Der Systemiker Heinz von Foerster hat es auf den Punkt formuliert und veröffentlicht unter dem bezeichnenden Titel »Wahrheit ist die Erfindung eines Lügners.«: »Objektivität ist die Wahnvorstellung, Beobachtungen könnten ohne Beobachter gemacht werden.« (von Foerster 1998, S. 154)

All das hat Konsequenzen für unsere Kommunikation. Die Annahme, dass ein Gesprächspartner genau das hört und versteht, was der andere sagen möchte, ist obsolet. Ein kleines Gedicht von Hans Manz zeigt das auf der Wortebene am Beispiel eines Polysems, eines Wortes mit mehreren Bedeutungen (Kinder sagen dazu Teekesselchen):

Hans Manz
Wörter und Bilder

Das Wort Stein
dem und jenem,
jener und dieser in den Mund gelegt:
Einem Maurer
einer Gärtnerin
einem Friedhofsbesucher
einer Ärztin
einem Zahnarzt
einer Kirschenesserin
einem Mühlespieler
einer Juwelenhändlerin
einem Hartherzigen
einer Bildhauerin
und zugesehen,
wie sich die Bilder
zum immer gleichen Wort verändern.

(zitiert nach Gelberg 2000, S. 137)

Kontext, Sprechsituation, und die innere Welt des Empfängers bestimmen die Konnotation, die Bedeutung, die wir der Lautfolge aus Buchstaben geben, und damit den Inhalt, den wir im Gesagten vermuten. Dass die Verwendung von Sprache weit mehr und komplizierter ist als lediglich ein sagbares objektives Abbild einer objektiven Wirklichkeit zu schaffen, ist spätestens seit dem sogenannten linguistic turn, der sprachkritischen Wende seit Beginn des 20. Jahrhunderts, von der Philosophie und der Linguistik ins allgemeine Bewusstsein gelangt.

Man kann wohl sagen, dass die größte Herausforderung für unsere Kommunikation also darin besteht, das Nicht-Verstehens zu managen und Wege zu finden, uns trotz aller Unstetigkeiten eines einigermaßen gemeinsamen Verständnisses zu vergewissern. Mit Gunther Schmidt können wir uns als »grundlegend verunsichert« durch die »selbsterzeugende Bedeutung der Botschaft« (Schmidt 2019) beschreiben, der wir nur begegnen können, indem wir den Zuhörer fragen – und werden seiner Antwort unsererseits wieder die in uns erzeugte Bedeutung geben und so weiter und so weiter.

Notwendig für den Versuch einer Verständigung sind also bewusst eingesetzte Gesprächstechniken wie das Paraphrasieren, Wiederholen und Zusammenfassen des Gehörten, die dem Sender eine Rückmeldung geben, was der Empfänger gehört hat. Durch Resonanzverfahren oder Doppeln kann der Sprecher erfahren, welche Botschaft nicht nur auf der Sach-, sondern auch auf der emotionalen und der Beziehungsebene angekommen sind. Diese wird oft durch die sogenannte analoge Kommunikation (Watzlawick) bestimmt. Wir produzieren nicht nur Lautfolgen in Wörtern und Sätzen, sondern geben ihnen durch Mimik, Gestik, Blickkontakt und Körpersprache, Stimmklang, Tonlage und Modulation Bedeutung. Manchmal ist es dazu notwendig, auf der Metaebene ein Gespräch über das Gespräch zu führen und wie von oben oder von einer Außenposition auf die Kommunikation zu schauen.

Anstatt um die »objektive Wahrheit« der eigenen Wahrnehmung zu streiten, sollten wir uns trefflicher und häufiger darüber unterhalten, wer welchen Geltungsanspruch im Hinblick auf die Deutung der verschiedenen Wahrnehmungen hat. Zum Beispiel stehen die unterschiedlichen Wahrnehmungen eines auffälligen Schülerverhaltens durch einen Vater und durch eine Lehrperson zunächst einmal gleichwertig nebeneinander. Geht es um die schulischen Konsequenzen des Verhaltens, hat die Wahrnehmung und Deutung der Lehrperson für diese Situation mehr Relevanz und den höheren Geltungsanspruch, für den häuslichen Bereich ist es genau andersherum. (Schaffner 2020)

2.2 Kommunikationstheorien und ihr Nutzen für den Alltag

Kommunikationstheorien haben für den praktischen Alltag dann nur wenig Nutzen, wenn sie rein theoretisches Wissen bleiben. Erst wenn sie Anwendung finden für die Vorbereitung und Reflexion konkreter Gesprächssituationen und sich darin als nützlich erweisen, können ihre Erkenntnisse wirklich in Handeln übergehen. Wissen und Können sind auch in dieser Hinsicht zwei unterschiedliche Dinge: Wer verstanden hat, wie ein Klavier funktioniert – und das ist nicht schwer – kann es noch lange nicht spielen. Andererseits mag auch jemand, der noch nie das Innenleben eines Klaviers gesehen hat, es sehr gut spielen können, meisterhaft wahrscheinlich aber erst dann, wenn er eine Vorstellung davon hat, welcher Mechanismus durch Tastendruck und Pedale ausgelöst wird, und sich dieses Wissen nutzbar macht.

Wir können also rein durch das Prinzip Versuch und Irrtum lernen, sind aber effektiver, wenn wir die Gesetzmäßigkeiten, die Grammatik unsere Tuns verstanden haben und abrufen können. Alles Weitere ist Training, Üben, Wiederholen, Scheitern, Nachbessern, Weiterentwicklung bis zur Könnerschaft im Wissen darum, dass es manchmal Ausnahmen von der Regel gibt, Rahmenbedingungen manchmal hinderlich sind und Menschen nicht kalkulierbar, sprich, dass sich auch der beste Pianist mal verspielt.

Wir sind umso handlungsfähiger, je vielfältiger wir in unseren Möglichkeiten aufgestellt sind und je eher wir den berühmten »Plan B« haben, wenn »Plan A« nicht funktioniert. Die lösungsorientierte Kurzzeittherapie nach Steve de Shazer folgt unter anderem diesen Leitsätzen, die auch für unsere Zwecke passen: »Das, was funktioniert, sollte man häufiger tun.« und »Wenn etwas nicht funktioniert, sollte man etwas anderes probieren.« (de Shazer/Dolan 2016, S. 23) In diesem Sinne sollen im Folgenden einige grundlegende Modelle und Theorien aus der Kommunikationswissenschaft kurz umrissen werden, als Hintergrund und Nachschlageseiten für die Entfaltung konkreter Gesprächsanlässe im zweiten Hauptkapitel dieses Buches.

2.2.1 Die Transaktionsanalyse

Der etwas sperrige Name Transaktionsanalyse bezeichnet einen theoretischen Ansatz, der sich mit der menschlichen Persönlichkeit und kommunikativen Mustern, den sogenannten Transaktionen, zwischen den Sprechern befasst. Entwickelt wurde sie Mitte des 20. Jahrhundert von dem US-amerikanischen Psychiater Eric Berne. Innerhalb der Transaktionsanalyse finden sich verschiedene theoretische Konzepte, von denen drei, das Ich-Zustands-Modell, das Dramadreieck und die Grundeinstellungen, im Folgenden für unsere Zwecke kurz dargestellt werden.

Das Strukturmodell der Ich-Zustände

Das Strukturmodell geht davon aus, dass jeder Mensch über drei verschiedene Ich-Zustände verfügt, auf die er mehr oder weniger bewusst zugreifen und aus denen heraus er kommunizieren kann. Wie jemand die Ich-Zustände individuell füllt und nutzt, ist durch seine biografischen Erfahrungen (Skripte) geprägt. Es aktualisieren sich in den Verhaltensweisen und in der Kommunikation insbesondere die Erlebnisse der ersten Lebensjahre.

Die drei Ich-Zustände, das Kind-Ich, das Erwachsenen-Ich und das Eltern-Ich, werden nicht chronologisch durchlaufen, sondern sind gleichzeitig vorhanden. So kann ein alter Mensch einen hohen Kind-Ich-Anteil in sich tragen, der sich etwa in Humor und Lebenslust äußern kann oder in Ängstlichkeit und Unselbstständigkeit. Ein Kind kann einen hohen Eltern-Ich-Anteil in sich tragen, etwa wenn es früh Verantwortung in der Familie zum Beispiel für jüngere Geschwister übernehmen muss oder wenn ein Elternteil erkrankt ist oder fehlt. Manche Kinder haben schon früh etwas sehr Erwachsenes, während manche Erwachsene Zeit ihres Lebens ein großes Kind bleiben.

In welchem Ich-Zustand wir uns erleben und aus welchem heraus wir kommunizieren, hat nicht nur mit biografischen, sondern auch mit gegenwärtigen Faktoren zu tun. Welcher Zustand anspringt, hängt mit der aktuellen Situation und dem jeweiligen Gesprächspartner zusammen. Ob wir uns an einem Tag groß und stark fühlen, jemand unseren Mutter- oder Beschützerinstinkt weckt oder wir uns in Gegenwart einer bestimmten Person immer kleiner und unsicherer fühlen als wir eigentlich sind, hängt damit zusammen, dass einer unserer Ich-Zustände gerade besonders aktiviert ist und unser Erleben und Handeln leitet.

Jedem Menschen sind einige der Ich-Zustände besonders vertraut und werden bevorzugt genutzt. Welche das sind, können wir durch Selbstbeobachtung und Feedback, wie wir mit uns selbst umgehen, erkennen. Setzen wir uns eher unter Leistungsdruck und Perfektionsanspruch oder sind wir nachsichtig und fürsorglich mit uns selbst und können es uns auch mal gut gehen lassen? Sind wir eher sachlich oder eher emotional? Sind wir leicht zu verunsichern oder schnell auf die Palme zu bringen?

Die Ich-Zustände im Einzelnen:

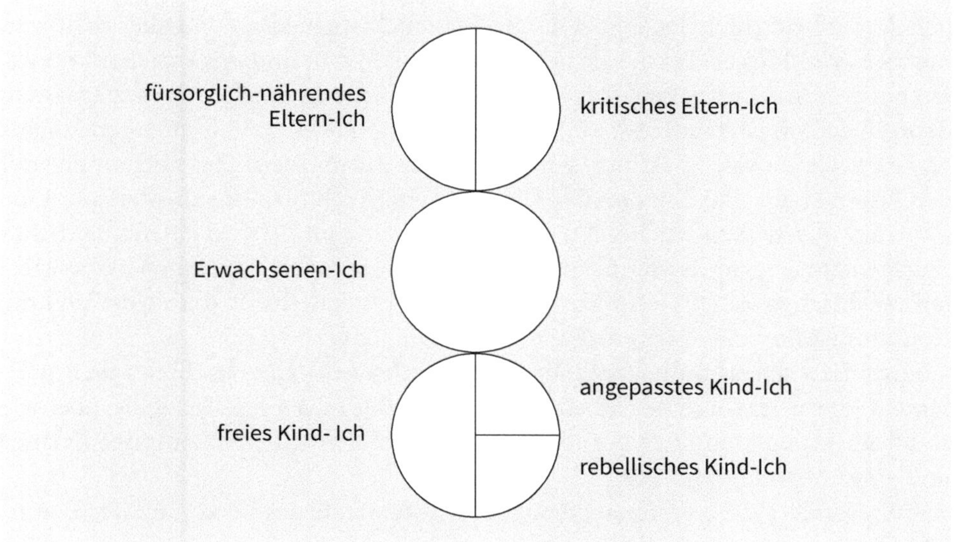

Das Eltern-Ich und Kind-Ich zeigen sich in jeweils zwei unterschiedlichen Facetten. Im *Eltern-Ich* gibt es einerseits die fürsorglich-nährende Seite und andererseits die kritische Seite elterlichen Verhaltens. Der *fürsorglich-nährende Anteil* ist derjenige, der sich kümmert, sorgt, unterstützt, der aber auch dann, wenn er zu extrem ausgeprägt und überfürsorglich ist, Entwicklung und Selbstständigkeit verhindern kann. Die sogenannten »Helikopter-Eltern« sind ein Beispiel für einen überausgeprägten fürsorglichen Anteil. Das *kritische Eltern-Ich* mäkelt hingegen eher herum, sieht die Fehler und das Noch-Nicht-Gelungene und weist auch gerne darauf hin. Wohldosiert schafft es aber auch Herausforderungen und Antriebe, die für die Weiterentwicklung wichtig sein können.

Das *Erwachsenen-Ich* ist die rationale, reflektierte und analytische Seite unseres Selbst. Sie beobachtet, wägt ab und kommuniziert sach- und rollenbezogen. Vor allem im beruflichen, aber auch in vielen Situationen im privaten Kontext ist dieser Ich-Zustand leitend für unser Handeln. Ihre Kehrseite ist, dass ein Mensch, der ausschließlich auf seinen Erwachsenen-Zustand zugreifen würde, stets kontrolliert, vernünftig, dadurch aber auch möglicherweise emotions- und freudlos wirkt. Eine Prise Kind-Ich und eine Schuss Eltern-Ich machen uns erst zu einer Persönlichkeit, mit der wirkliche Begegnung möglich ist.

Das *Kind-Ich* wiederum ist unterteilt in einen freien Anteil, einen angepassten und einen rebellischen Anteil. Das innere *freie Kind* ist der Anteil, der spielen darf und Spaß haben möchte, nach dem Lust- und Impulsprinzip lebt, humorvoll und auch mal albern ist. Ist diese Seite zu extrem ausgeprägt, neigt sie aber auch dazu, über gute Grenzen zu gehen, gefährlich und wild zu leben und dabei Gefahr zu laufen, sich und andere zu verletzen. Das *angepasste Kind-Ich* ist hingegen ängstlich darauf bedacht, keine Fehler zu machen, nicht anzuecken und alles richtig zu machen. Wohldosiert lässt es uns aber auch höflich sein und uns sozialen Kontexten entsprechend verhalten. Das *rebellische Kind* ist eine Spielart des angepassten, denn Rebellion ist kein frei gewählter Zustand, sondern entsteht in einer Abhängigkeit gegen etwas. Es ist der Anteil, der wütend mit dem Fuß aufstampft, mit den Türen knallt und emotional in die Luft geht. Auch für diesen Anteil gilt: Eine Prise davon schadet manchmal nicht – so braucht zum Beispiel gesellschaftliches Engagement gegen Missstände in bestimmten Situationen auch einen aktualisierten rebellischen Anteil – ein Zuviel wird aber hinderlich für das Selbst und die Kommunikation mit anderen.

Grundsätzlich sind die Zustände des Erwachsenen-Ichs, des fürsorglich-nährenden Eltern-Ichs und des freien Kindes die produktiven Ich-Zustände, aber wie so oft im Leben kommt es bei allen Anteilen letztlich auf eine stimmige Balance und eine gute Integration an.

Insbesondere die emotional geprägten Ich-Zustände des Kind- und des Eltern-Ichs können spontan durch Impulse von außen aktiviert werden und zeigen sich zum Beispiel in Wut oder Ärger, Liebe, Freude, Spaß oder Verunsicherung.

In verschiedenen Kontexten und Situationen nutzen wir die Ich-Zustände in unterschiedlichen Zusammensetzungen und Priorisierungen. So gelingt der Kontakt mit Kindern nur eingeschränkt allein über den Erwachsenen-Anteil. Die Aktivierung des eigenen freien Kindes in Spiel, Humor und Quatsch-Machen ermöglicht hingegen Begegnung in einer ganz anderen Qualität. Zudem braucht es einen fürsorglichen Eltern-Ich-Anteil, der sich umsichtig kümmert und darauf achtet, wo das Kind Hilfe braucht oder traurig ist, und auch einen kritischen Eltern-Ich-Anteil, der auch einmal für Ordnung sorgt oder streng ist.

Wenn Sie als Lehrer/in mit jüngeren Schüler/innen arbeiten, sieht das Bild ihrer Ich-Zustände, aus dem heraus Sie agieren, dann möglicherweise so oder so ähnlich aus:

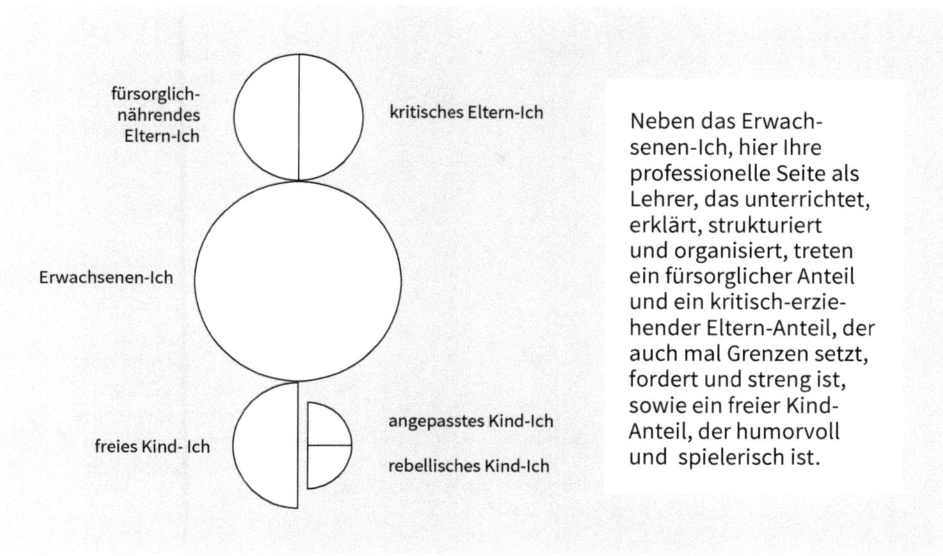

Anders wird das Bild aussehen, wenn Sie auf einer Party oder beim lustigen Spieleabend mit Freunden sind:

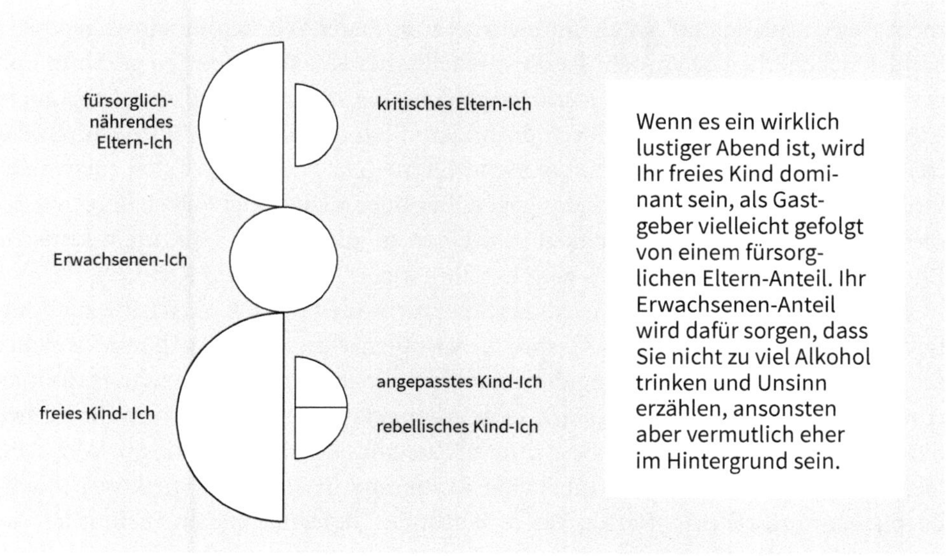

Und in einer Konferenz oder im Gespräch mit dem Schulleiter/der Schulleiterin könnte und sollte es eher so aussehen:

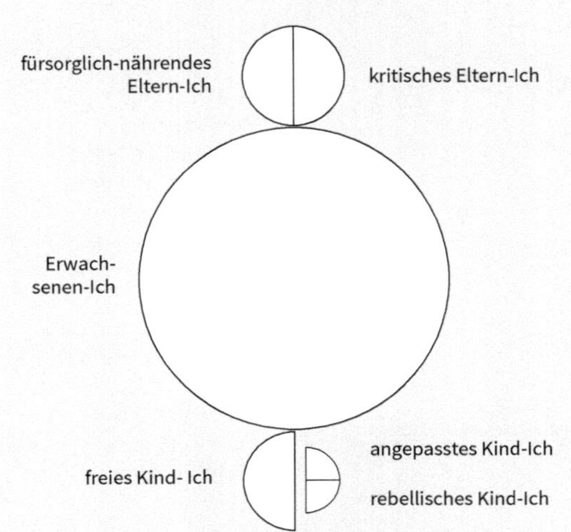

Dominant ist das Erwachsenen-Ich in sachbezogener, konstruktiver, ausgleichender rationaler und um Klärung bemühter Kommunikation. Die gemeinsame Aufgabe steht im Mittelpunkt.
Hinzu kommen je eine Prise Eltern-Ich, das zum Beispiel fürsorglich für Pausen und Kaffee sorgt und kritisch mahnt, wenn unsinnige oder redundante Wortbeiträge gemacht werden, sowie eine Prise freies Kind-Ich in Humor und Begeisterungsfähigkeit für Vorschläge.

Nutzt man das Modell der Ich-Zustände nicht als statische Beschreibung eines Persönlichkeitsbildes, sondern als flexibles Instrument der Reflexion des eigenen Verhaltens, ergeben sich wertvolle Impulse für die Persönlichkeitsentwicklung: Kommt mein freies Kind-Ich im Alltag hinreichend zum Zuge? Wie kann mein angepasstes Kind-Ich Sicherheit gewinnen? Ist mein rebellisches Kind angemessen gezähmt und warum rebelliert es eigentlich? Ist mein Erwachsenen-Ich da leitend, wo es gebraucht wird? Ist es gut angereichert durch die anderen Ich-Zustände, vor allem durch das freie Kind und das nährend-fürsorgliche Eltern-Ich? Aktualisiert sich mein nährend-fürsorgliches Ich nur anderen gegenüber oder auch in der Selbstsorge? Wo ist die Grenze zur Überfürsorglichkeit und Übergriffigkeit? Wie kann mein kritische Eltern-Ich dienlich sein und wo wird es zum ewigen Nörgler und Kritiker?

Für die Gesprächsführung wird das Strukturmodell der Ich-Zustände zur Analyse von Transaktionen, von Gesprächsbeiträgen genutzt. Je nachdem, welcher Ich-Zustand in einer Äußerung dominant wahrgenommen wird, reagiert der Gesprächspartner mit einer parallelen oder einer gekreuzten Transaktion. Er nimmt damit die Einladung in einen bestimmten Zustand an oder lehnt sie ab: Wenn ein Gespräch, eine Besprechung oder eine Konferenz in einer konstruktiven, sachbezogenen und zielorientierten Weise stattfindet, kommunizieren vermutlich die meisten Teilnehmer im Schwerpunkt aus ihrem Erwachsenen-Ich-Zustand. Fühlt sich hingegen ein Kollege nach einem Gespräch mit der Schulleitung oder einem Elternteil niedergemacht, klein, unfair kritisiert, so erlebt er sich vermutlich gerade in einem Kind-Ich-Zustand, ausgelöst dadurch, dass er sein Gegenüber im kritischen Eltern-Ich-Zustand wahrgenommen hat. Und bekommt es eine Referendarin oder ein Referendar bis kurz vor dem Examen nicht hin, ihren Unterricht selbstständig zu planen und wird dabei von ihrer Ausbildungslehrerin übermäßig bemuttert, erlebt er sich wahrscheinlich in seinem angepassten Kind-Zustand, während die Ausbildungslehrerin diese Unselbstständigkeit möglicherweise noch durch ihren fürsorglich-nährenden Eltern-Ich-Anteil stützt. Wenn sich solche Umgangsweisen miteinander stabilisieren und sich wiederholen, spricht die Transaktionsanalyse von »Mustern« oder »Spielen«.

Typische unproduktive Transaktionen zeigen sich im sogenannten Drama-Dreieck.

Das Drama-Dreieck

Die meisten Menschen kennen dysfunktionale Kommunikationssituationen, die immer nach einem ähnlichen Muster ablaufen und damit nahezu vorhersagbar werden. Die Auslöser dafür können zum Beispiel in bestimmten wiederkehrenden Rahmenbedingungen liegen (Immer wenn Herr Müller gestresst ist, fängt er schon bei Kleinigkeiten an laut zu schimpfen. / Montagmorgens ist die Klasse müde und lustlos.) oder aber in speziellen kommunikativen Mustern, die durch sogenannte Einladungen oder Köder eröffnet werden: Kollege A beklagt sich und jammert immer wieder über eine bestimmte Schülergruppe. – Kollege B antwortet mit einigen guten Vorschlägen und Ratschlägen. – Kollege A reagiert darauf schnippisch und wirft Kollege B vor, er wäre grundsätzlich zu nachsichtig mit den Schülern. Oder: In der Lehrerkonferenz macht Kollege C einen Vorschlag, zum Beispiel in Sachen Digitalisierung. – Kollege D gibt daraufhin zu verstehen, dass ihm die neumodischen Ideen von C missfallen. – Kollege E springt wie so oft Kollege C bei und unterstützt ihn. – Daraufhin zieht sich Kollege D zurück und murrt, Schule und Bildung seien heute grundsätzlich nicht mehr annähernd das, was sie mal gewesen seien.

In diesen Beispielen werden die drei typischen Rollen in einem Dramadreieck deutlich, und zwar die des *Verfolgers*, die des *Retters* und die des *Opfers*. A startet in einer Mischung aus Opfer- und Verfolger-Rolle, B versucht eine Retter-Rolle, die A in eine Verfolger-Rolle B gegenüber gehen lässt. D beginnt C gegenüber in einer Verfolger-Rolle, E springt in der Retter-Rolle C bei und löst damit aus, dass D in eine Opfer-Rolle wechselt.

Es braucht also nicht zwingend drei Personen, um alle Rollen zu spielen, vielmehr können sie auch changieren und wechseln. Opfer können deutliche Verfolgeranteile bekommen, wenn sie durch ihre vermeintliche Schwäche die Mitmenschen beherrschen oder manipulieren. Retter können zu Opfern werden, wenn sie in bester Absicht das Falsche oder zu viel tun und damit scheitern. Agieren sie distanzlos und ist ihre Hilfe unerwünscht, können sie zu Verfolgern werden. Verfolger können zu Rettern mutieren oder zu Opfern werden, wenn sich die Koalitionen wenden.

In Verknüpfung mit dem Modell der Ich-Zustände lässt sich zuordnen, dass sich im Verfolger-Verhalten ein kritischer Eltern-Anteil dominant zeigt, bei Rettern der fürsorglich-nähende Eltern-Anteil stark ausgeprägt ist und Opfer in ihrem hilflosen angepassten Kind-Anteil sind.

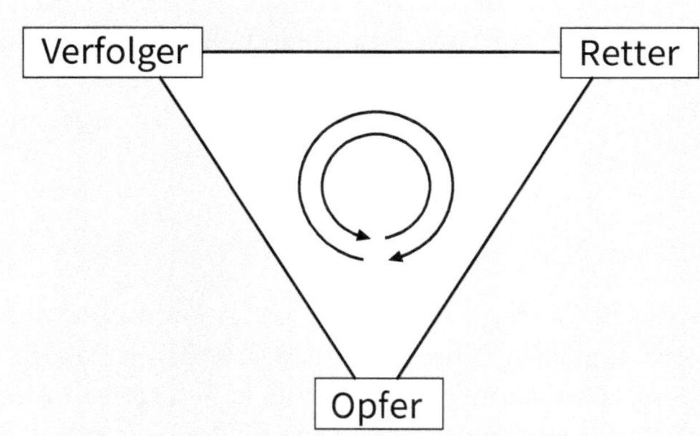

Das Dramadreieck beschreibt als Modell zunächst auf der phänomenologischen Ebene ein bestimmtes Verhalten in Interaktionen. Die bevorzugten Rollen entsprechen aber oft bestimmten Persönlichkeitsmustern. Um die Theorie für die Gesprächspraxis nutzbar machen zu können, braucht es also beides: ein Anerkennen, dass andere und wir selbst besonders in Stresssituationen zu einem dysfunktionalen Kommunikationsverhalten neigen können, und gleichzeitig eine Strategie, die Spieleeinladungen nicht anzunehmen und in die Dreieckskommunikation nicht einzusteigen.

Wenn man davon spricht, einen Köder liegen zu lassen, dann macht dieses Bild deutlich, dass es sich um eine Verlockung handelt, die gefährlich werden kann und für die Gesprächsbeziehung schädlich enden kann. Der Haken an der Sache wird oft erst erkennbar, wenn man den Wurm schon angebissen hat.

Der Köder des Verfolgers ist eine Einladung, sich mit ihm und seiner Meinung auseinander zu setzen. Beharrlich und nicht selten provokant äußert er etwas, das uns aufmerken lässt und das wir meinen, so nicht stehen lassen zu können. Mit einer Erwiderung, Richtigstellung, Rechtfertigung haben wir schon nach dem Köder geschnappt, wenn – und das ist der dysfunktionale Anteil – es dem Verfolger nicht um einen Diskurs in der Sache, sondern um ein Machtspiel geht mit dem Ziel, am Ende zu gewinnen und bestätigt zu sehen, dass er recht hat.

Der Köder des Opfers ist eine Bitte um Unterstützung, verbunden mit Signalen der Hilflosigkeit. Menschen mit funktional oder dysfunktional ausgeprägt fürsorglichem Anteil steigen hier gerne ein und investieren viel Zeit, Rat und Energie, um dem Opfer zu helfen. Was eigentlich wie ein sehr soziales menschliches Verhalten aussieht, wird dann zu einer Drama-Interaktion, wenn wir es nicht mit einer Person in einer Akutsituation, sondern mit einem Menschen mit einem Opfer-Selbstbild zu tun haben, dessen eigentliches Ziel und Botschaft lautet, in der eigenen Hilflosigkeit bestätigt zu werden. Der Haken ihres Köders ist ihre Absicht, den anderen zu beweisen, dass ihm nicht zu helfen ist, und so im vertrauten Leiden zu verharren ohne sich ändern zu müssen. Retter bieten ihre Hilfe und Unterstützung an – ein sehr attraktiver Köder, der sich aber dann als Spieleeinladung erweist, wenn das Gegenüber die Hilfe nicht oder nicht mehr möchte. Retter werden gerne gebraucht und fühlen sich ungerne nutzlos, ihre heimliche Intention besteht darin, zu verhindern, dass der andere ohne sie zurechtkommt.

Um einen Köder nicht zu nehmen und sich nicht in eine Dramakommunikation verwickeln zu lassen, braucht es einen gut ausgeprägten und klar merkbaren Erwachsenen-Ich-Zustand und damit einhergehend die Bereitschaft, auch selbst einen Preis zu zahlen. Einem Verfolger gegenüber bedeutet das, sich nicht auf jede Auseinandersetzung einzulassen, sondern das ein oder andere auch einfach mal zu überhören oder stehen zu lassen, was je nach Thema, Kontext und Standpunkt mehr oder weniger angemessen ist. Reagieren Sie sachlich, klar und besonnen, vermeiden Sie es, ebenfalls in Ihren kritischen Eltern-Anteil oder in einen angepassten oder rebellischen Kind-Anteil zu gehen. Beides würde die Dramakommunikation mit dem Verfolger voraussichtlich weiter befeuern.

Im Zusammensein mit einem Opfer führt der Weg ebenfalls über den Erwachsenen-Zustand. Schützen Sie sich davor, die Arbeit und Verantwortung des anderen zu übernehmen. Der Preis dafür ist, möglicherweise die eigene Eitelkeit zu zähmen, den eigenen Retter-Anteil im Zaum zu halten. Umgekehrt bedeutet, die Einladung eines Retters nicht anzunehmen den eigenen kindlichen Anteil zugunsten des Erwachsenen-Ichs zurückzustellen, um den Preis, Verantwortung für sich selbst zu übernehmen und den Retter durch eine klare Abgrenzung dabei möglicherweise vor den Kopf zu stoßen.

Sind Sie bereits in eine Dramakommunikation hineingerutscht, befinden Sie sich mit hoher Wahrscheinlichkeit in einem der eher emotional geprägten Zustände des Eltern- oder Kind-Zustands. Entsprechend schwieriger ist es, das Gesprächserleben und -verhalten zu verändern. Ist erst einmal unser Emotionszentrum im Gehirn aktiviert, ist der Zugriff auf den Kortex, den rationaleren Teil, erschwert bis versperrt. Initiieren Sie dann eine Pause (auf den Atem konzentrieren, Gespräch unterbrechen, kurz aus dem Raum gehen) und versuchen Sie, Ihren Erwachsenen-Ich-Zustand wieder zu aktivieren. Treten Sie innerlich einen Schritt aus der Situation heraus betrachten Sie die Dinge von einer Metaebene aus. Manchmal ist es sinnvoll, den Gesprächspartner ebenfalls dazu einzuladen und sich damit an sein Erwachsenen-Ich zu wenden, wohlgemerkt weder vorwurfsvoll (»Herr Müller, Sie verhalten sich wie ein Kleinkind. Lassen Sie uns doch mal wie Erwachsene sprechen!«) noch im Besserwisser-Kommunikationswissenschaftler-Sprech (»Frau Müller, lassen Sie uns doch mal auf die Metaebene gehen und analysieren, was in unserem Gespräch gerade kommunikativ vor sich geht.«).

Fokussieren Sie sich auf das eigentliche Gesprächsanliegen, die gemeinsame Aufgabe oder die eigene Rolle und versuchen Sie so, emotionale Verstrickungen durch eine stärkere Sachbezogenheit aufzulösen oder zu mindern. Einige Beispiele dafür: »Herr Meier, ich merke, dass wir gerade möglicherweise dabei sind, uns zu verheddern. Unser gemeinsames Anliegen ist ja, dass.... Daher schlage ich vor, dass wir...« »Frau Meier, als Klassenlehrerin Ihrer Tochter ist meine Sicht... Wie stellt sich das auch Ihrer Sicht als Mutter dar...«, »Als Schulleiterin ist es meine Aufgabe...«.

Es wird leichter, in die gemeinsame Lösungsverantwortung zurück zu finden, wenn es gelingt, die Rollen des Drama-Dreiecks in Richtung eines Gewinner-Dreiecks umzuwandeln (Aich/Behr 2015). Der Retter wird dann zu einer fürsorglichen Person, die Hilfen offen anbietet und vereinbart, ohne zu viel Verantwortung zu übernehmen. Der Verfolger wird zu einer Person, die konfrontiert und Grenzen setzt, jedoch ohne Abwertungen und nicht auf Kosten anderer. Aus dem Opfer wird eine empfindsame Person, die den eigenen Gefühlen nahesteht, um Hilfe bitten und Hilfe annehmen kann. (Ahl 2019)

Die Grundeinstellungen: Ich bin okay – du bist okay

Marshall B. Rosenberg, der Begründer der Gewaltfreien Kommunikation, spricht dann von lebensentfremdender Kommunikation, wenn sich unsere Wahrnehmung einer anderen Person mit moralischen Urteilen mischt, wenn Menschen sich über Vergleiche mit anderen definieren und wenn sie die Verantwortlichkeiten für ihr Verhalten und ihr So-Sein ablehnen (Rosenberg 2010). Gemeint ist damit eine Grundhaltung von Respekt und Offenheit anderen Menschen gegenüber gleichwie eine Verantwortungsübernahme für das eigene Leben und Handeln.

In der Transaktionsanalyse entspricht dem eine Grundhaltung von »Ich bin okay und du bist okay«. Im Zusammenhang mit der sogenannten Skripttheorie, die sich mit den biografisch geprägten inneren Mustern und Glaubensüberzeugungen über das Leben beschäftigt, wird zwischen vier Grundeinstellungen unterschieden, die sich aus solchen Annahmen über sich selbst und die anderen zusammensetzen:

- Für mich bin ich okay und für mich bist du okay.
- Für mich bin ich okay und für mich bist du nicht okay.
- Für mich bin ich nicht okay und für mich bist du okay.
- Für mich bin ich nicht okay und für mich bist du nicht okay.

(Stewart/Joines 2010, S. 181)

Diese Grundüberzeugungen begleiten einen Erwachsenen wie »ein Lebensplan, der in der Kindheit aufgestellt, von den Eltern verstärkt, durch spätere Ereignisse gerechtfertigt [...] in einer bewusst aufgestellten Alternative gipfelt« (Stewart/Joines 2010, S. 152). Konstruktive Begegnung und Kommunikation ist immer dann möglich, wenn sich beide Gesprächspartner in der erstgenannten Haltung gegenübersitzen. Verkörpert einer oder verkörpern beide eines der drei letztgenannten Muster, braucht es besonderes Augenmerk.

Wie im Dramadreieck auch kann jeder Mensch nur Einfluss auf seine eigene innere Haltung nehmen und dadurch den anderen einladen, selbiges zu tun. Versuchen Sie daher, sich vor oder in einem Gespräch möglichst auf die gesunde Position »Ich bin okay, du bist okay« einzuschwingen. Fällt Ihnen das in Bezug auf Ihren aktuellen Gesprächspartner schwer, fragen Sie sich, welche Facetten der Person Sie doch schätzen können. Manchmal gelingt das aus der Gegenwart heraus (Die aufgebrachte Mutter, die Ihnen gegenübersitzt, kämpft wie eine Löwin für ihr Kind, was ja eine grundsätzlich positive Haltung ist, auch wenn ihre Mittel dazu das Ziel verfehlen.), manchmal müssen Sie in die Vergangenheit zurückgehen (Der frustrierte Kollege ist voller Euphorie vor vielen Jahren als Berufsanfänger gestartet und hat inzwischen Lebenserfahrungen gemacht, die ihn haben resignieren lassen.). Manchmal reicht es, im aktuellen Kontext zu bleiben (Der Schüler, der im Unterricht nervt, ist extrem beliebt bei seinen Mitschülern.), manchmal muss man auch einen weiteren Kontext betrachten (Der Schüler, der in der Schule nachlässig und müde ist, muss sich am Nachmittag um die jüngeren Geschwisterkinder kümmern.).

Jeder Mensch, so eine der systemischen Grundannahmen, verhält sich zu jedem Zeitpunkt so, wie es für ihn in seinem Bezugssystem sinnvoll und bestmöglich ist, auch wenn es aus einem anderen Bezugssystem merkwürdig oder kritikwürdig erscheint. Unterschiedliche Sichtweisen von Schule und Erziehung, unterschiedliche Werte und Moralvorstellungen, Diversität bedingt durch Generationenzugehörigkeit, soziales Umfeld, kulturelle, religiöse und ethnische Hintergründe prägen unser Verhalten. Hierfür ein Verständnis zu entwickeln ist nicht gleichbedeutend damit, jegliches Verhalten gutzuheißen. Beispielhaft deutlich wird das etwa in der Arbeit von Sozialarbeitern, Therapeuten und Seelsorgern, die mit Straftätern arbeiten und dabei immer bemüht sind, den Menschen und seine Geschichte zu sehen, ohne die Tat selbst dadurch auszublenden. Sie handeln dann aus der ethischen Grundhaltung »Du bist okay« (auch wenn deine Tat ist verurteilenswert ist).

Genauso wichtig wie die Haltung dem Du gegenüber ist die des »Ich bin okay.« uns selbst gegenüber. Gerade in schwierigen Gesprächssituationen braucht es diese als Fundament, um zum Beispiel zur eigenen Meinung zu stehen, mit Kritik konstruktiv umgehen zu können, sich nicht provozieren zu lassen und nicht in Rechtfertigungsschleifen zu geraten. Das heißt nicht, sich selbst und seine Ansichten als absolut und unhinterfragbar zu setzen, sondern es meint vielmehr ein stabiles Selbstwertgefühl und die Fähigkeit, den eigenen inneren Kritiker zu zügeln, auch wenn wir Fehler machen.

Aus den vier Grundhaltungen resultieren jeweils spezifische Herausforderungen für ein Gespräch: Ein Gesprächspartner mit der Haltung »Ich bin okay, du bist nicht okay« wird sich abwertend, dominant, von oben herab verhalten, er begegnet seinem Gegenüber nicht auf Augenhöhe. Aus der umgekehrten Haltung »Ich bin nicht okay, du bist okay« wird sich eine Form mehr oder weniger devoter Passivität ergeben, die sich einer Verantwortung entzieht. Und die nihilistische Position »Ich bin nicht okay, du bist auch nicht okay« wird sich in einer betrübten, verzweifelten Kommunikation niederschlagen.

Anzustreben ist also immer eine möglichst weite Annäherung an einen Zustand von »Ich bin okay, du bist okay«, den wir in regulären Gesprächssituationen natürlich nicht therapeutisch erarbeiten, sondern sozusagen als Arbeitsgrundlage und als tragende Haltung beharrlich anbieten können: Ich nehme für mich in Anspruch, okay zu sein, und ich unterstelle dir, okay zu sein. Versuche, mir mein Okay-Sein abzusprechen oder dein Nicht-okay-Sein zu stützen, etwa in dem ich deine Passivität mittrage, gehe ich nicht mit.

2.2.2 Das Modell der vier Seiten einer Nachricht

Der Kommunikationstheoretiker Friedemann Schulz von Thun entwickelte Anfang der 1980 Jahre das Modell der vier Seiten einer Nachricht. Damit brachte er seine Annahme in ein Bild, dass es vier unterschiedliche Intentionsebenen gibt, die ein Sprecher mit einer Äußerung ausdrücken kann, und dass umgekehrt ein Empfänger mit diesen vier Ohren die Äußerung hören und verstehen kann. Zu Missverständnissen und Kommunikationsstörungen kommt es dadurch, dass eine Botschaft in der Regel nicht nur auf einer dieser Ebenen gemeint ist, und dass Gemeintes und Gehörtes nicht zuverlässig deckungsgleich sind. Schon einfache Sätze wie »Der Kaffee ist alle.« oder »Die Ampel ist grün.« sind je nach Situation, Sprecher, Hörer und ihrer Beziehung anders gemeint und werden unterschiedlich verstanden.

Schulz von Thun unterscheidet in seinem Modell den Sach-, den Beziehungs- und den Selbstoffenbarungsaspekt sowie den Appell in einer Nachricht.

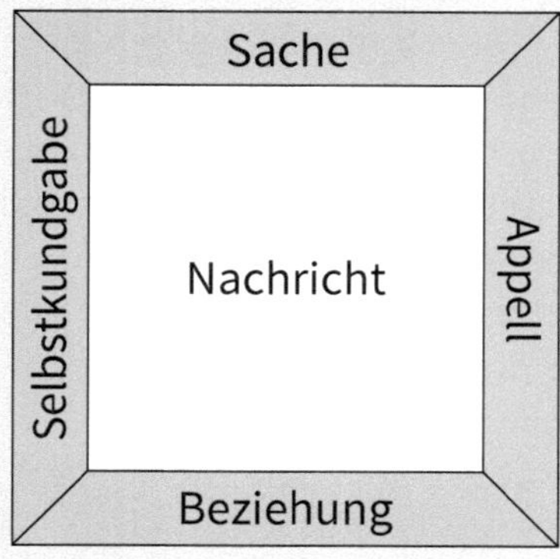

Dieses scheinbar so einfache Modell lässt sich nicht nur zur Analyse von Kommunikationsstörungen anwenden, sondern eignet sich auch zur Vorbereitung auf ein Gespräch:

- Was möchte ich auf der *Sachebene* mitteilen? Welches ist der Inhalt unseres Gesprächs, worum geht es eigentlich? Welche Informationen habe ich, wozu möchte ich Informationen erhalten? Wie gestalte ich das Gespräch so, dass es sachbezogen verlaufen kann? (informieren)
- Was möchte ich in diesem Gespräch erreichen? Was ist meine Bitte, mein Wunsch, meine Forderung, mein *Appell* an mein Gegenüber? Wie kann ich mein Anliegen so formulieren, dass ich es im Gespräch auch erreichen kann? Was ist für mich verhandelbar, was nicht? (appellieren)
- Wie sehe ich die *Beziehung* zwischen meinem Gesprächspartner und mir und wie möchte ich sie im Gespräch gestalten? Wie bilden sich unsere Rollen im Gesprächsverhalten ab? Welches ist meine Aufgabe, welches seine? Wie kann ich die Beziehungsebene im Gespräch gut gestalten, auch wenn wir möglicherweise in der Sache uneins sind? (Kontakt machen und Beziehung gestalten)
- Was möchte ich in diesem Gespräch über *mich selbst* ausdrücken? Möchte ich Persönliches, Emotionen, meine Meinung und Sichtweise offenbaren und welche Weise erscheint mir dafür angemessen? Wie gebe ich mich? Wie gestalte ich das Gespräch, um meine Stärken zu zeigen und mir notwendigen Schutz zu nehmen? (mich selbst ausdrücken)

Wenn wir sprechen, funken wir nicht auf allen der vier Ebenen gleich stark, und wir hören nicht auf allen vier Ohren gleich gut. Menschen, die in pädagogischen oder sozialen Berufen arbeiten, haben oft zwei überdimensional sensibel eingestellte Ohren und hören damit manchmal mehr vom einen und weniger vom anderen.

Pädagoginnen und Pädagogen neigen einerseits dazu, besonders stark die Beziehungsseite wahrzunehmen und zu kommunizieren, schließlich ist das auch eine wichtige Grundlage ihrer Arbeit mit Menschen. Wird diese Facette aber überbetont, kann sie die Zusammenarbeit in manchen Kontexten und Situation auch erschweren und behindern. Wenn Sachentscheidungen auf der Beziehungsebene diskutiert und Konflikte stark auf der persönlichen Ebene ausgetragen werden, ist das für die Sache nicht förderlich. Auch wenn notwendige Kritikgespräche unterbleiben um die Harmonie nicht zu gefährden, bleiben wichtige Dinge ungeklärt und der überdeckte Ärger wird sich an anderer Stelle in verdeckt- oder passiv-aggressivem Verhalten niederschlagen.

Nehmen Sie, wenn Sie das feststellen, möglichst bewusst die anderen Seiten wieder in den Blick: Worum geht es hier eigentlich? (Sache), Was will ich, was wollen wir? (Appell), Wie geht es mir in dieser Situation und was ist mein eigenes Anliegen? (Selbstoffenbarung)

Das zweite besonderes groß ausgeprägte Ohr mancher Pädagogin und manches Pädagogen ist das Appell-Ohr. Vor allem Lehrkräfte, die sich überlastet fühlen und unter Stresserkrankungen leiden, sollten hier besonders aufmerksam sein, ob das, was sie als Appell hören, auch wirklich als einer gemeint ist. Oft hilft da einfaches Nachfragen: Ist das ein Auftrag an mich? Was erwartest du von mir? Bin ich der richtige Ansprechpartner? Muss, will, kann ich dem Appell nachkommen oder nicht?

Ziel einer professionellen Kommunikation ist eine gute Balance der vier Seiten von Nachrichten und ein steter Abgleich von Gemeintem und Gehörtem, um Verstehen zu ermöglichen. Neben der Sachseite ist dazu die Selbstoffenbarungsseite wesentlich. Sie hilft, sich im Gespräch zu justieren, und kann verhindern, dass es zu Scheinauseinandersetzungen statt zu echtem Interesse aneinander kommt. Was sage ich über mich selbst, indem ich das sage? Was sagst du über dich selbst, indem du das sagst?

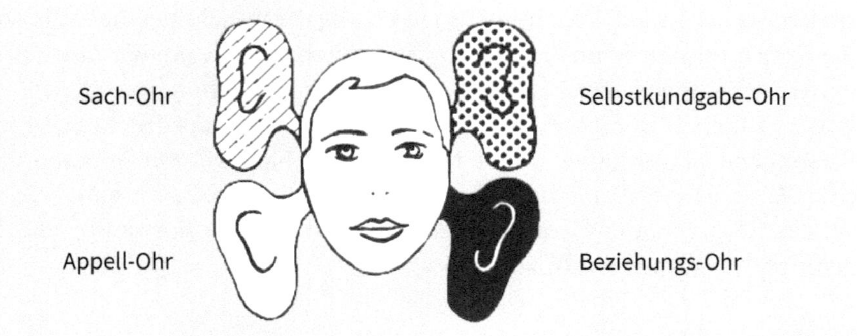

Das Wichtigste in Kürze

- Bereiten Sie sich auf schwierige Gespräche vor.
- Nutzen Sie Ihr Wissen aus Kommunikationstheorien.
- Seien Sie professionell und selektiv authentisch.
- Stärken und nutzen Sie Ihren Erwachsenen-Ich-Anteil.
- Nutzen Sie bewusst und wohldosiert Ihre produktiven Ich-Zustände, das fürsorgliche-nährende Eltern-Ich und das freie Kind-Ich.
- Vermeiden Sie Drama-Kommunikation, lassen Sie Köder liegen.
- Reflektieren Sie Ihre innere Haltung: Ich bin okay, du bist okay.
- Achten Sie auf die Größe ihres Appell-Ohrs, prüfen Sie, ob es sich wirklich um einen Auftrag handelt.
- Stärken Sie ihr Selbstoffenbarungs-Ohr und hören Sie, was der andere über sich aussagt, indem er etwas sagt.
- Verlieren Sie das Ziel des Gesprächs, die gemeinsame Sache und Aufgabe, nicht aus den Augen.

3. Schwierige Gesprächssituationen meistern

3.1 »Wie sag ich's nur?« – Schlechte Nachrichten und heißer Brei

Zum Beispiel

- Sie müssen einem Schüler mitteilen, dass er keinen Schulabschluss erhalten wird oder den Eltern, dass ihr Kind nicht versetzt wird und Sie einen Schulformwechsel empfehlen.
- Sie müssen Eltern mitteilen, dass ihr Kind maßgeblich an Mobbing oder einer anderen Tat beteiligt ist.
- Sie müssen einer Referendarin oder einem Lehramtsanwärter mitteilen, dass er das Examen nicht bestanden hat.
- Sie müssen einer Klasse mitteilen, dass ein Mitschüler oder ein Lehrer einen Unfall hatte oder schwer erkrankt ist.

Vorbemerkungen

Eine schlechte Nachricht versetzt nicht nur den Empfänger in eine Ausnahmesituation, die je nach Inhalt und Schwere als unangenehm, traurig, bedrohlich oder katastrophal empfunden wird. Auch für denjenigen, der die Nachricht überbringen muss, handelt es sich oft um eine herausfordernde, schwierige Gesprächssituation. In antiken Zeiten liefen die Boten schlechter Nachrichten gar Gefahr, stellvertretend für die Verursacher bestraft oder getötet zu werden. Auch wenn wir heute nicht mehr so gefährlich leben, ist es für viele Lehrerinnen und Lehrer eine unangenehme Situation, Schülern, Referendaren oder Eltern schlechte Nachrichten mitzuteilen.

Grundsätzlich gibt es zwei verschiedene Kategorien von Situationen, in denen Lehrer oder Schulleitungen sich in dieser Lage befinden: Glücklicherweise selten, aber dann oft unvermittelt, müssen sie Botschaften von Unglücksfällen überbringen. Jemand hatte einen Unfall, ist schwer erkrankt oder gar verstorben. Die Nachricht betrifft Menschen, die sich aus dem Schulkontext kennen, die Schule selbst ist aber in der Regel kein auslösender oder beteiligter Faktor. Das Unglück ist unumkehrbar geschehen und die Nachricht muss nun mitgeteilt werden.

Andere Situationen ergeben sich aus Geschehnissen innerhalb des schulischen Kontextes wie schlechte Prüfungsergebnisse, disziplinarische Konsequenzen, aber auch ungewünschte Lehrerwechsel, Schulschließungen und so weiter.

Die folgenden Ausführungen beziehen sich auf beiderlei Situationen, insofern und wenn ihnen gemeinsam ist, dass es in den Gesprächen nicht mehr darum geht, Sachverhalte zu diskutieren und Alternativen abzuwägen, sondern darum, Fakten beziehungsweise abschließend getroffene Entscheidungen mitzuteilen.

Theoretischer Hintergrund

Als Gesprächstyp ist das Überbringen einer schlechten Nachricht den Informationsgesprächen zuzuordnen. Ein Sachverhalt wird mitgeteilt, notwendige Detailinformationen, Erläuterungen oder Begründungen werden genannt. Ziel des Gesprächs ist vorrangig, dass der Gesprächspartner die Information aufnimmt und versteht.

Zu einer schwierigen Gesprächssituation wird das Überbringen einer schlechten Nachricht aus verschiedenen Gründen: Zum einen bewegt uns die Furcht des antiken Boten, als Überbringer für die Nachricht gestraft zu werden. Menschen sind anfällig, pauschalisierende Rückschlüsse von einer Eigenschaft oder Verhaltensweise einer Person auf ihren Charakter zu ziehen, ein Wahrnehmungsfehler den man als sogenannten Halo-Effekt bezeichnet (den Nachrichtensprecher halten wir für schlau, den Anzugträger für seriös oder spießig usw.). Insofern befürchten wir, möglicherweise als unsympathisch, bedrohlich oder angsteinflößend wahrgenommen zu werden, wenn wir etwas Negatives mitteilen, besonders dann, wenn wir auch als Entscheidungsträger mit der Rolle oder der Institution identifiziert sind.

Zum zweiten antizipieren wir, dass die Nachricht Emotionen auslösen wird, die uns als Überbringer möglicherweise überfordern und mit denen wir im Gespräch schlecht umgehen können: Was ist, wenn das Gegenüber bei einer Unglücksnachricht, von der wir selbst emotional betroffen sind und um Fassung ringen, weint oder zusammenbricht? Was ist, wenn jemand wütend wird, uns beschimpft und verantwortlich macht für die schlechte Examensnote?

Die Verunsicherung, die die Emotionen des anderen in uns auslösen, treffen auf die eigene Angst oder Unsicherheit, wie sich zum Beispiel Trauer und Tränen im professionellen Kontext Raum nehmen dürfen. Wer nach einem Motto wie »Ein Indianer kennt keinen Schmerz« oder »Jungen weinen nicht« erzogen worden ist, wird befremdet und irritiert sein, wenn der Gesprächspartner ganz anders reagiert und seine Gefühle offen zeigt. In den Fällen, in denen wir am Zustandekommen der schlechten Nachricht selbst beteiligt sind, als Lehrer, Prüfer oder Schulleiter, triggert die Reaktion des Gegenübers zudem den Rest der eigenen inneren Ambivalenz an. Gibt es nur einen kleinen Selbstzweifel, ob die Entscheidung wirklich richtig war, wird genau dieser durch die Reaktionen des Gegenübers befeuert.

Für alle genannten Situationen lässt sich von Berufsgruppen lernen, die Profis im Überbringen auch schlechter Nachrichten sein müssen, wie etwa Polizisten und Ärzte oder auch Menschen, die zum Beispiel im Personalwesen tätig sind und Bewerbern Absagen erteilen oder Kündigungen aussprechen müssen. Sie alle stehen vor der Aufgabe, eine unangenehme Situation zu halten und dem Gesprächspartner zu ermöglichen, die Nachricht zu nehmen. Ihr Verhalten ist nicht das einer problematischen Solidarisierung, sondern, den Gesprächspartner bei einer Versachlichung der Botschaft zu unterstützen, vor allem dann, wenn subjektive Phantasien und Wirklichkeitsverzerrungen im Spiel sind (»Der Schulleiter will mich schikanieren.« »Der Prüfer will mich absägen.«) (Rauscher 1997).

Gegebenenfalls kann sich an die Mitteilung das Angebot anschließen, beim Umgang mit der Information und der neuen Situation behilflich zu sein, sofern Sie dazu aufgrund Ihrer Ressourcen, Ihrer Kompetenz und Ihrer Rolle bereit und in der Lage sind. Das wird sich danach richten, ob zum Beispiel die Botschaft im Auftrag einer Institution oder eines Gremiums überbracht wurde oder ob der Überbringer auch der Entscheider war. Wie ist und wird die Beziehung zwischen den Gesprächspartnern in der neuen Situation sein? Braucht es möglicherweise externe professionelle Unterstützung von Beratern, Therapeuten, dem Schulamt? Ist die Beziehungsebene klar und wird ein weiterer Kontakt gewünscht, kann sich eine Begleitung oder ein Beratungsprozess anschließen.

How to do

Unangenehme Aufgaben vor sich her zu schieben ist ein Verhalten, das manch einer nur zu gut kennt. Manchmal ist die Strategie gar nicht übel, wenn sich Dinge durch Abwarten von selbst erledigen, aber im Fall einer schlechten Nachricht macht es die Lage nicht besser: Für Ihr Gegenüber wird es nicht angenehmer, denn die Nachricht wird vermutlich nicht leichter, wenn sie später mitgeteilt wird. Schlimmstenfalls erhält der Empfänger schon Teil- oder Falschinformationen auf einem unerwünschten Kommunikationsweg, Gerüchte entstehen, die die Situation für alle Seiten nicht komfortabler machen. Und auch für Sie als Überbringer wird die Lage nicht angenehmer, denn je länger Sie das Gespräch vor sich herschieben, desto länger werden sich Ihr Bewusstsein und Ihr Unterbewusstes damit beschäftigen und damit eine Menge Energie brauchen. Zögern Sie das Überbringen der Nachricht also nicht allzu lange heraus.

Wie für alle schwierigen Gesprächssituationen gilt auch für diese: Eine gute Vorbereitung macht es leichter. Legen Sie sich zurecht, was und wie Sie es sagen möchten, und üben Sie die Gesprächseröffnung und Ihre Nachricht eventuell sogar vorher laut. Auch Aufschreiben zwingt zur Präzision und gibt Sicherheit.

Sorgen Sie für einen angemessenen Kontext, um die Nachricht mitzuteilen. Wählen Sie einen ungestörten Ort und Zeitpunkt, klären Sie, wer an dem Gespräch teilnehmen soll und wer nicht, und schaffen Sie einen angemessenen Rahmen.

Wenn Sie das Gespräch eröffnen, stellen Sie einen wertschätzenden Kontakt her, aber vermeiden Sie überlangen Smalltalk, wenn er nur der Vermeidung und dem Aufschieben der schwierigen Nachricht dient. Stattdessen sollten Sie das Thema kurz einleiten, indem Sie den Anlass explizit benennen und sagen, worum es in diesem Gespräch geht. Bleiben Sie auch danach klar und sachlich, benennen Sie die wesentlichen Fakten, reden Sie nicht um den heißen Brei herum. Manch ein Sprecher versucht, sich und sein Gegenüber durch sehr lange Ausführungen, inhaltliche und sprachliche Relativierung (eigentlich, vielleicht, es könnte sein ...) vor der Botschaft zu schützen. Beiden Parteien hilft aber ein klares Aussprechen der Wahrheit in der Regel mehr, Unklarheit verstärkt eher das Gefühl von Verunsicherung. Das heißt selbstverständlich nicht, rabiat und konfrontativ zu werden, sondern stellen Sie sich empathisch auf Ihr Gegenüber ein und teilen Sie ihm in einer Sprache und auf eine Weise, die für ihn verständlich und nehmbar ist, die Nachricht mit.

Erklären und erläutern Sie alles, was für Ihren Gesprächspartner wichtig zu wissen ist, und schaffen Sie Transparenz, geben Sie alle Informationen, sofern sie notwendig und kommunizierbar sind. Sie müssen und sollten sich nicht für den Inhalt der Botschaft entschuldigen oder rechtfertigen.

Bleiben Sie rollenbezogen und stellen Sie sich selbst als Person in die zweite Reihe. Vielleicht hilft es, sich für diese Situationen einen Arzt vorzustellen, der seinem Patienten eine schlechte Diagnose überbringt. Als Patient wünscht man sich eine Mischung aus Klarheit und Empathie, Kompetenz und dem Vermögen, die Zusammenhänge auch einem Laien zu erklären. Bleiben Sie in natürlicher, ehrlicher Anteilnahme und Aufmerksamkeit.

Es ist völlig normal, dass Menschen auf eine schlechte Nachricht emotional reagieren, je nach eigenem Charaktertyp und Inhalt der Botschaft mehr oder weniger stark und mehr oder weniger nach außen sichtbar. Die innere Auseinandersetzung und Verarbeitung der neuen Situation verläuft in Phasen, die vor allem im Zusammenhang mit Trauerprozessen typisch und erforscht sind. Diese Phasen bilden sich schon in den ersten spontanen Reaktionen ab, wenn sich abzeichnet, dass ein Mensch von einem Vorhaben, einer Idee, einer Hoffnung oder einem Lebensplan Abschied nehmen muss.

Solche sehr typischen Reaktionen sind zum Beispiel:

- Das Nicht-wahr-haben-Wollen, Leugnen und Abwehren der Nachricht:
  - Wenn es um eine Benotung geht zum Beispiel: »Das kann doch gar nicht sein, ich habe mir doch so Mühe gegeben / Haben Sie wirklich alle Aspekte be-

rücksichtigt? / Haben Sie sich nicht vertan, verrechnet? / Im letzten Gespräch haben Sie noch etwas anderes gesagt…«
  - Bei Schicksalsschlägen: »Letzte Woche ging es ihr doch noch gut! / Ich habe ihn doch gestern noch gesehen… / Die Ärzte hatten doch gesagt, sie sei auf einem guten Weg. / Er ist doch so ein vorsichtiger Autofahrer! / Das kann doch gar nicht wahr sein…«
- Wut und Anklage:
  - »Ich wusste immer schon, dass Sie unfair sind und etwas gegen mich haben! / Diese blöde Schule! / Ich habe Mathe immer gehasst. / Sie können einfach nicht so erklären, dass man es versteht. / Ich reiche Klage gegen die Note ein…«
  - »Das darf nicht sein! / So kann mir das Leben nicht mitspielen! / Er hatte doch noch so viel vor… / Diese vermaledeite Krankheit / Diese unmögliche Straßenkreuzung…«
- Handeln und Feilschen:
  - »Wenn ich noch mein Heft abgebe oder ein Referat halte, würden Sie dann noch etwas an der Note ändern? / Wenn ich mich im nächsten Schuljahr dafür doppelt anstrenge…? / Wir melden auch die Geschwisterkinder von der Schule ab, wenn das hier so läuft!«
  - »Wenn ich ab jetzt gesund lebe… / Wenn ich ab jetzt ein besserer Mensch werde…«
- Trauer und Verzweiflung:
  - zeigen sich weniger verbal, sondern durch Weinen, Schweigen, Schreien…

Seien Sie als Überbringer einer schlechten Nachricht auf diese Reaktionen gefasst, die sich mehr oder minder stark, deutlich erkennbar oder vermischt im Gegenüber abspielen. Halten Sie sie zusammen mit Ihrem Gegenüber aus, geben Sie ihnen angemessen Raum und Zeit und bringen Sie zum Ausdruck, dass die Emotionen erlaubt sind und Sie sie nachvollziehen können.

Es gibt deutliche Mentalitätsunterschiede, wie Menschen auf Nachrichten reagieren. Für den einen Schüler oder das eine Elternpaar ist eine Nichtversetzung bereits eine Katastrophe, während andere eine Ehrenrunde gelassen hinnehmen können und schnell bereit sind, miteinander zu überlegen, wie es im nächsten Schuljahr oder an einer anderen Schule besser laufen könnte. Während manche Menschen selbst auf schwere Schicksalsnachrichten zumindest äußerlich sehr gefasst reagieren, brechen andere seelisch und körperlich zusammen. Eindrücke von Trauerfeiern aus verschiedenen Kulturen zeigen solche Mentalitätsunterschiede eindrücklich. Bleiben Sie in jedem Fall respektvoll und zugewandt, auch wenn Sie die Reaktion überrascht. Sie können nicht in den Kopf Ihres Gegenübers schauen und wissen nicht, was darin wirklich vorgeht. Vermeiden Sie auf jeden Fall Kommentare und Bewertungen wie »So schlimm ist es jetzt auch wieder nicht« »Jetzt machen Sie mal aus einer Mücke keinen Elefanten« oder »Ich an Ihrer Stelle wäre schon ziemlich geschockt«. Bleiben Sie bei der kurzen, sachlichen Grundbotschaft und wiederholen Sie sie gegebenenfalls geduldig mehrfach, bis sie wirklich aufgenommen werden konnte.

Verwenden Sie Formulierungen wie »leider« nur, wenn Sie sie auch wirklich so meinen, seien Sie selektiv authentisch. Statt Mitleid bieten Sie Ihr Mitgefühl an. Das Ziel des Gesprächs ist, dass Ihr Gesprächspartner die Nachricht versteht und anerkennen kann, dass es ist wie es ist.

Erst wenn diese emotionale Verarbeitung geschehen ist, kann der Betroffene bereit sein, den Blick in die Zukunft zu richten. Möglicherweise ist das schon nach einigen Augenblicken der Fall, manchmal dauert es Monate und Jahre, wenn ein schwerer Schicksalsschlag verarbeitet werden muss. Solche Prozesse verlaufen in der Regel nicht linear, sondern oft in über die Zeit niedriger werdenden Wellen, in denen sich immer wieder Schmerz, Trauer, Wut und Hilflosigkeit auf- und abbauen.

Wenn Sie Ihrem Gesprächspartner anbieten, ihn bei der Gestaltung der neuen Wirklichkeit zu unterstützten, akzeptieren Sie, wenn Ihr Gesprächspartner das Angebot nicht annimmt oder gar mit Widerstand reagiert. Vermutlich ist es dann entweder noch zu früh oder Sie sind nicht der geeignete Ansprechpartner. Sie können dennoch Empfehlungen von Unterstützungsangeboten oder Beratungsstellen geben, auf die Ihr Gegenüber zurückkommen kann, wenn es für ihn passt. Denken Sie noch einmal an die Situation beim Arzt: Es braucht möglicherweise Bedenkzeit oder eine zweite Meinung, bis eine Behandlung eingeleitet werden kann.

Wenn Sie das Gespräch beenden, tun Sie das freundlich und zugewandt. Verzichten Sie aber darauf, quasi im Hinausgehen die schlechte Nachricht noch durch eine schnell hinterhergeschobene gute wie durch ein Trostpflaster nivellieren zu wollen. Wenn es eine gute Nachricht gibt, ist es viel wirkungsvoller, dieser eigens ohne Wenn und Aber Gewicht und Bedeutung zu geben. Ein Lob im Hausaufgabenheft oder ein Anruf bei den Eltern mit der Information, dass ihr Kind etwas toll gemacht hat, haben in der Regel eine große Wirkung. Die berühmte Sandwichtaktik, eine gute und eine schlechte Nachricht miteinander zu verbinden, nimmt hingegen beiden die Wirkung.

So wenig Sie die Botschaft verwässern sollten, so wenig sollten Sie sie umgekehrt dramatisieren. So wie Tiere sehr feine Antennen dafür haben, wie souverän der Mensch ist, der ihnen begegnet oder sie führt, so nehmen auch wir Menschen in einem Gespräch nicht nur die Sachinformation auf, sondern auch die Atmosphäre und Stimmung, die sich in Tonfall, Körpersprache, Mimik, Tempo und Aufmerksamkeit niederschlagen. Je verunsicherter Sie selbst sind, desto alarmierter reagiert Ihr Gegenüber. Es braucht also zugleich hohe Sensibilität, Fingerspitzengefühl und Prozesssicherheit, um schlechte Nachrichten zu überbringen.

Formulierungshilfen

Einleitung:

- Herr/Frau N., ich habe Sie heute hier her gebeten, um Ihnen das Ergebnis / unsere Entscheidung / eine schlechte Nachricht mitzuteilen.
- Herr N., Sie wissen ja bereits seit einiger Zeit, dass es um ... nicht gut bestellt ist. Ich muss ihnen heute mitteilen, dass .... unsere Entscheidung gefallen ist ... wir alle Informationen nochmals geprüft haben und letztlich zu der Entscheidung gekommen sind, dass...
- Es fällt mir nicht leicht, euch das mitzuteilen, weil ich selbst sehr betroffen und traurig bin, aber ... ist passiert.

Bei emotionalen Reaktionen:

- Ich verstehe Ihren Ärger, Ihre Wut, aber es ist so, dass...
- Ich kann nachvollziehen, dass Sie noch nach einem Weg suchen, die Entscheidung zu verändern, aber ich muss Ihnen sagen, dass es dazu nun zu spät ist, denn...
- Ich kann verstehen, dass Sie traurig / enttäuscht sind, aber...
- Ich verstehe, dass das für euch ein Schock ist, und das ist es für mich auch, aber es ist leider wirklich so, dass...
- An Ihrer Stelle würde mich das auch sehr traurig machen und als Klassenlehrerin Ihres Kindes bedauere ich das ebenfalls, weil es mein Wunsch war und ist, dass alle hier einen guten Weg machen, aber...

Angebot der Weiterbegleitung:

- Ich kann mir vorstellen, dass Sie erst einmal ein bisschen Zeit brauchen, um diese Nachricht zu verdauen. Wenn Sie möchten, können wir uns gerne in einigen Tagen nochmal zusammensetzen und überlegen, wie es jetzt weitergeht / welche Möglichkeiten es jetzt gibt, wie wir Sie weiter unterstützten können / welche Unterstützung Sie sich holen könnten.
- Was tun Sie, wenn Sie nach Hause kommen / wie gehen Sie jetzt damit um / wer ist für Sie da...?
- Sie können mich / den Beratungslehrer gerne jederzeit / zu den Sprechzeiten / in der nächsten Woche kontaktieren und ...

Tipps gegen Tücken

Die Gestaltung des Kontextes ist kein Beiwerk, sondern eine wichtige Voraussetzung für eine angemessene Gesprächsatmosphäre. Ein schwieriges Elterngespräch sollte nicht in der Pause des Elternabends stattfinden, die Notenvergabe nach einem Examen noch frei von Aufbruchstimmung sein. Wenn ein Unglücksfall mitzuteilen ist, ist es besser, kleinere, vertraute Kontexte zu schaffen, also zum Beispiel die Klassenlehrer zu bitten, es ihren Klassen mitzuteilen, und zwar je nach Betroffenheit entweder der nächststehenden Gruppe zuerst oder in allen Klassen gleichzeitig. Überlegen Sie vorab, wer die Nachricht aus erster Hand erhalten soll, wer in der Situation besonders schutzbedürftig ist und wer möglicherweise nur Zaungast, und wie mit Neugier und Sensationslust umgegangen wird. Den Tod eines Schülers der gesamten Schulgemeinschaft in einer großen Versammlung mitzuteilen erscheint dann eher unklug, ebenso wie die Kolleginnen und Kollegen über die Erkrankung eines Mitarbeiters nicht zu informieren und den Gerüchten ihren Lauf zu lassen (selbstverständlich unter Wahrung der Diskretion und der Persönlichkeitsrechte).

Machen Sie sich stets bewusst, dass Sie der Überbringer, nicht aber der Verursacher der Nachricht sind. Für eine schlechte Note oder ein nicht bestandenes Examen ist letztlich der Prüfling in der Verantwortung, auch unter Berücksichtigung allen pädagogischen Spielraums von Noten. Wenn Sie die letzte Entscheidung über eine Versetzung gefällt haben, haben Sie diese sicher nicht beiläufig ausgewürfelt, sondern nach reiflicher Überlegung und unter Berücksichtigung aller Faktoren gefällt. Wenn Sie dann mit sich verhandeln lassen oder Ihre Note bei Androhung einer Klage zurückziehen, stellen Sie letztlich die Grundlage Ihrer gesamten Entscheidung und Ihre Autorität als Lehrkraft in Frage. Bedenken Sie das, bevor Sie sich auf Notenverhandlungen einlassen. Vermeiden Sie auch Versprechungen, die Sie nicht einhalten können oder wollen.

Rechtfertigen Sie sich nicht, erklären Sie aber den Sachverhalt so gut wie möglich. Wir sind eher bereit und in der Lage, etwas zu akzeptieren, was wir verstehen, als etwas, das uns unverständlich bleibt. Auch Menschen, die schwere Schicksalsschläge erfahren müssen, möchten die Fakten wissen, um das Geschehene begreifen zu können. Ein ungeklärtes Verbrechen ist für Opfer in der Regel noch viel schwerer auszuhalten als eine grausame Gewissheit.

Lernen Sie empathisch zu schweigen und Schweigen auszuhalten. Medizinstudierende üben bewusst, in Patientengesprächen zwei Minuten Pause zu machen und den Patienten seine Gedanken vor sich hin sprechen zu lassen, um eine Diagnose zu »verdauen«.

Gehen Sie in schwierigen Gesprächssituationen gut auch mit Ihren eigenen Emotionen um. Zeigen Sie Verständnis, teilen Sie Trauer, aber passen Sie auf, sich nicht übermäßig in die Emotion des anderen hineinziehen zu lassen. Sie können für Ihr Gegenüber dann umso hilfreicher sein, wenn Sie einen guten, festen Stand außerhalb des Geschehens haben.

Das Wichtigste in Kürze

- Zögern Sie das Gespräch nicht unnötig heraus.
- Bereiten Sie sich vor und sorgen Sie für einen angemessenen Kontext.
- Benennen Sie das Thema und den Anlass des Gesprächs und nennen Sie dann klar die Fakten.
- Bleiben Sie rollenklar und empathisch.
- Stellen Sie sich auf eine emotionale Reaktion Ihres Gegenübers ein und geben Sie Ihrem Gesprächspartner Zeit, die Nachricht zu verarbeiten.
- Wenn Sie sich dazu in der Lage fühlen, bieten Sie an, den Gesprächspartner bei der Entwicklung neuer Perspektiven zu unterstützen.

3.2 Nicht nur in Zeiten von Corona – Gespräche in und über Krisensituationen

Zum Beispiel

- Eine Kollegin oder ein Kollege ist durch den Ausbruch und die Entwicklungen der Corona-Pandemie ängstlich und verunsichert.
- Eine Schülerin, ein Schüler hat schlimmen Liebeskummer.
- Eine Kollegin, ein Kollege ist schwer erkrankt oder steht kurz vor einem Burn-Out.
- Eltern sind verzweifelt und wissen nicht mehr, wie sie mit dem Verhalten Ihres Kindes umgehen sollen.

Vorbemerkungen

Eine Krise ist das, was wir als Krise wahrnehmen. Die Reaktionen in der Corona-Zeit zeigen das deutlich. In der ersten Phase des Ausbruchs der Pandemie, die weltweit von Verunsicherung und unkalkulierbarer Bedrohung der Gesundheit und des Lebens vieler geprägt war, waren für manche Menschen Gefühle von Angst und Unsicherheit dominant, andere aber – Menschen ohne Vorerkrankungen und mit wirtschaftlicher Unabhängigkeit – haben die Zeit als eine fast wohltuende Vollbremsung im Alltagsstress wahrgenommen. Viele Lehrerinnen und Lehrer melden zurück, dass die Belastungen durch die Krise für sie erst dann groß wurden, als die Doppelungen von Familie und Beruf, von digitalem und Präsenzlernen einsetzten.

In Gefahrensituationen ist es so, dass wir in der Akutsituation wie automatisiert reagieren und nach der ersten Lähmung ins Handeln kommen, ohne groß darüber nachzudenken. Körper und Gehirn schalten in einen Aktionsmodus, der uns die aktuelle Gefahr bewältigen lassen und das Überleben sichert. Erst nachdem die Situation vorbei ist, wir langsam zur Ruhe kommen, werden oft merklich die Knie weich, der Organismus fährt seine Funktionen herunter, der Kreislauf sackt ab und die Gefühle nehmen sich Raum. Jeder, der schon einmal erste Hilfe geleistet hat, kennt diese Phänomene. Erst danach, wenn der erste Schreck vorbei ist, ist die Zeit und setzt das Bedürfnis ein, über das Erlebte zu sprechen.

Was in der Krisensituation hilft, ist erst einmal das Gefühl, nicht allein zu sein. Schon die Anwesenheit eines anderen Menschen, der einerseits empathisch mitfühlend ist, und anderseits auch ein Stück Sicherheit ausstahlt, wirkt stabilisierend. Das allererste tröstliche Signal ist, dass es jemanden gibt, der in diesem Moment da ist und zuhört.

Michael Ende hat das in seiner Romanfigur »Momo« wunderbar beschrieben (Ende 1973, S. 14f.). Das Mädchen Momo verfügt über die Gabe, zuzuhören wie es niemand anderes kann. Ihre besondere Fähigkeit ist nicht, etwas Besonderes zu sagen oder zu fragen, sondern sie hört mit ihrer gesamten Aufmerksamkeit und Anteilnahme zu. Dadurch kommen in ihrem Gegenüber Gedanken auf, »von denen er nie geahnt hatte, dass sie in ihm steckten« (Ende 1973, S. 14). Rastlose und unentschlossene Menschen wissen auf einmal genau, was sie wollen, Dumme haben plötzlich kluge Gedanken, Unglückliche und Bedrückte werden zuversichtlich und froh und Zweifler erkennen ihren Wert und ihren Platz in der Welt: »Und wenn jemand meinte, sein Leben sei ganz verfehlt und bedeutungslos und er selbst nur irgendeiner unter Millionen [...] dann wurde ihm, noch während er redete, auf geheimnisvolle Weise klar, dass er sich gründlich irrte, dass es ihn, genauso wie er war, unter allen Menschen nur ein einziges Mal gab und dass er deshalb auf seine besondere Weise für die Welt wichtig war« (Ende 1973, S. 15).

Kommunikationstheoretisch bezeichnet man das, was die Romanfigur Momo macht, als »aktives Zuhören«, die gesamte Aufmerksamkeit emphatisch und dienend zur Verfügung zu stellen um einen Raum zu schaffen, in dem der andere seine Gedanken entwickeln kann und neue Ideen und Erkenntnisse sprießen können.

Wenn wir uns einen Kummer, eine Sorge, eine Angst »von der Seele reden«, wie der Sprachgebrauch sagt, kehren wir damit das Innere nach außen, machen es aus- und besprechbar. Wir geben dem Geschehen eine Realität, die nicht nur in unserem Kopf stattfindet, sondern durch den Austausch wirklich Wirklichkeit wird. Ja, das passiert wirklich, so ist es.

Viele Menschen beschreiben ihre Sorgen wie ein Kreisen im Kopf, eine Spirale des unendlichen Immer-wieder-dasselbe-Denkens. Es kommt nichts Neues hinzu und es gibt keinen Ausweg aus der ewig zermürbenden Wiederholung der Gedanken. Das Sprechen kann helfen, die Gedanken zu sortieren und zu fokussieren. Das geschieht vor allem dann, wenn es gelingt, innerlich ein Stück weit aus der Situation heraus auf eine Art Beobachterposition gehen. Nicht nur in der Arbeit mit traumatisierten Menschen ist es wichtig, nicht die belastende Situation zu reinszenieren, sondern im wachen Bewusstsein bei sich und im Hier und Jetzt bleiben.

Die folgenden Überlegungen richten sich auf kleine oder auch längere Gespräche in und über Krisensituationen, die nicht unter dem Anspruch von Beratung, Lösung oder Therapie stehen, sondern die sich im täglichen Miteinander ergeben, zum Beispiel aus einer ehrlich gemeinten Frage »Wie geht es dir?«. Manchmal werden Kontakt und Austausch explizit gesucht, manchmal aber zeigt sich der Wunsch nach einem Gespräch auch in scheinbar beiläufigen Bemerkungen, nonverbalen und körpersprachlichen Signalen oder einem bestimmten Verhalten.

Theoretischer Hintergrund

Tatsachen sind keine Probleme und Probleme sind keine Tatsachen. Sie unterscheiden sich darin, dass Tatsachen unveränderbar sind, es für Probleme hingegen Lösungen gibt. Die Existenz eines neuen Virus in unserer Welt ist eine Tatsache. Einfluss nehmen können wir hingegen darauf, wie wir uns individuell und gesamtgesellschaftlich dazu verhalten, zum Beispiel wie wir dafür sorgen, dass wir selbst und andere körperlich und psychisch gesund bleiben. Dass die Schulen zumindest zeitweise nicht mehr so arbeiten können wie zuvor, ist eine Tatsache. Welche Konzepte sie entwickeln, wie sie Ressourcen einsetzen und auf welche Weise Lehrende, Lernende und Eltern gut zusammenarbeiten können, ist ein Problem, für das es Lösungen zu entwickeln gilt.

Für Gespräche in der Krise kann eine solche Unterscheidung hilfreich und klärend sein. Es entsteht viel Leidensdruck und es geht viel Kraft verloren, wenn Menschen nachhaltig Zustände beklagen, die sich nicht ändern lassen. In Resilienzkonzepten, die sich mit der inneren Stärke und seelischen Gesundheit des Menschen befassen, ist ein grundlegender Baustein stets die Akzeptanz der Situation. Erst daraus kann eine aktive Gestaltung von Gegenwart und Zukunft erwachsen. Aaron Antonovsky, der Vorreiter in der Beschäftigung mit der Salutogenese, spricht von einem Kohärenzsinn, der sich dann einstellt, wenn Menschen eine Situation kognitiv *verstehen (sense of comprehensibility)* können, sie ihre Ressourcen aktivieren, um das Gegebene *handhaben (sense of manageability)* zu können, und wenn es gelingt, sie als *bedeutsam* oder sinnhaft *(sense of meaningfulness)* zu deuten und sich nicht entmutigen zu lassen. Gelingt das (noch) nicht, erleben wir uns in einer krisenhaften Situation. (Drexler 2012)

Das Belastende speziell an Sorgen, die sich auf die Zukunft beziehen, ist die Vorwegnahme eines gefürchteten Zustands, von dem noch gar nicht klar ist, wie er genau und ob er überhaupt eintreten wird. Der Körper der sich Sorgenden reagiert aber mit ganz ähnlichen Symptomen, wie er es in der antizipierten schlimmen Situation tatsächlich täte. Der Sorgende durchlebt also vorab bereits einen Teil der belastenden Situation, als wäre sie schon real.

Ängstliche, besorgte und verzweifelte Menschen fühlen sich in ihrem Krisenerleben oft kleiner oder jünger als sie eigentlich sind, sie erleben sich eingeschränkt in ihren Handlungsmöglichkeiten und dem Leben, dem Schicksal, der Situation hilflos ausgesetzt. Der erwachsene Ich-Zustand in uns kann viel klarer und weitsichtiger als der Kind-Ich-Zustand begreifen, dass Situationen bewältigt, Ressourcen aktiviert und neue Möglichkeiten geschaffen werden können oder aber, dass wir uns dem Leben stellen müssen. Ängste sind ein wichtiges Frühwarnsystem vor realen Gefahren. Ängstlichkeit, Grübeln oder übermäßiges Sorgen behindern aber die Entfaltung neuer, gangbarer Wege im Jetzt aus einer fiktiven Zukunft heraus.

How to do

Wenn Sie jemanden in einer Krisensituation ansprechen oder angesprochen werden, dann entscheiden Sie sich für diesen Moment und dieses Gespräch, da zu sein als Zuhörer, vielleicht als Begleiter. Setzen Sie sich nicht unter Druck, unvermittelt in eine Rolle als Berater/Therapeutin/Problemlöser/Geheimnisträger/Seelsorgerin/persönliche Freundin etc. zu geraten, die Sie gar nicht ausfüllen können oder möchten. Was für die Situation gefragt ist, ist so etwas wie ein Offenes-Ohr-Kontrakt (Schwing/Fryszer 2015), was Sie geben können ist Zeit, Ruhe, Aufmerksamkeit und Empathie. Vielleicht sind Sie gerade deshalb als Gesprächspartner ausgewählt worden, weil Sie emotional eher außenstehend sind und man die nahestehenden Bezugspersonen nicht mit den eigenen Ängsten belasten will. Nutzen und schätzen Sie diese Mischung aus Distanz und Vertrauen.

Wenn Ihr Gesprächspartner seine Situation und sein Erleben schildert, hören Sie ihm aufmerksam zu in einer Haltung des aktiven Zuhörens, das heißt, lassen Sie ihn ausreden, haben Sie Geduld und unterbrechen Sie nicht. Signalisieren Sie Aufnahmebereitschaft und Konzentration durch Ihre Körpersprache, Ihre Sitzhaltung und durch Blickkontakt, gegebenenfalls auch durch kurze Äußerungen, die zum Erzählen ermuntern. Halten Sie wichtige Pausen aus und schweigen Sie auch miteinander. Sie helfen Ihrem Gegenüber am meisten, wenn Sie wie Michael

Endes Figur Momo eine aufmerksame Atmosphäre schaffen, in der Ihr Gegenüber seine Gedanken aussprechen kann.

Halten Sie sich mit Bewertungen und Kommentaren, offen, verdeckt oder als rhetorische Frage, zurück, ebenso mit Fragen zu allzu vielen Details. Sie müssen nicht alles verstehen; viel wichtiger als das ist der Gedankenfluss, der sich bei Ihrem Gesprächspartner in Gang setzt. Sie können ihn dabei unterstützen, indem Sie das Gesagte wiederholen, paraphrasieren oder Unausgesprochenes vorsichtig zu verbalisieren versuchen. Hilfreich kann auch eine Rückmeldung dazu sein, was nonverbal bei Ihnen ankommt und welche Resonanz das Erzählte in Ihnen auslöst. Beobachten Sie dabei sensibel, wie lange es Ihrem Gesprächspartner gut tut, auszusprechen, was ihn belastet. Achten Sie darauf, dass er nicht noch tiefer in das Problemerleben gerät und durch das Erzählen noch tiefer in die sorgenvolle oder ängstliche Stimmung fällt. Fördern Sie das keinesfalls durch ein detailreiches Nachfragen oder Ausschmücken der Situation.

Möglicherweise berichtet Ihr Gesprächspartner von Ängsten, die Sie nicht nachvollziehen können, oder von Sorgen, die Ihnen absurd erscheinen. Machen Sie sich bewusst, dass das Problemerleben von Menschen unterschiedlich ist. Bleiben Sie zurückhaltend mit Bewertungen und Ihrer eigenen Meinung, es sei denn, Ihr Gesprächspartner fragt Sie explizit danach. Auch wenn Sie anderer Ansicht sind: Zuhören und verstehen heißt nicht gutheißen. Würdigen Sie das Problem als ein ernsthaftes Anliegen und vermeiden Sie auch wohlgemeinte Bagatellisierungen (»Ist doch nicht so schlimm. Wird schon wieder.«) genauso wie Dramatisierungen (»Wie schrecklich!«) oder übertriebene Versprechen (»Das kriegen wir locker wieder hin!«). Betrachten Sie die Situation so lebensklug und gelassen wie möglich: Es ist wahrlich eine schwierige Situation. Das Leben ist nicht gerecht. Es gibt allen Grund, niedergeschlagen zu sein. Es ist, wie es ist. Gemeint ist damit keinesfalls eine Art passiver Resignation, sondern vielmehr eine aktive Akzeptanz der Lage. Sie stellt dem »Auch wenn« (die Situation so ist) ein »Dennoch« (der eigenen Möglichkeiten) an die Seite. (Bohne 2010).

Neben dem Dienst für den anderen in Krisensituationen vergessen Sie in auch Ihre Selbstsorge nicht: Spüren Sie gut in sich hinein, was das Thema und die Darstellung in Ihnen selbst auslöst, schützen und akzeptieren Sie Ihre eigenen Grenzen, wenn Sie merken, dass Sie emotional zu nah verwickelt sind. Empathie bedeutet mitfühlen, es bedeutet aber nicht, die Gefühle und Nöte des anderen für sich selbst zu übernehmen. Je mehr Sicherheit Sie ausstrahlen, desto stärker kann Ihr Gegenüber Vertrauen fassen. Und bleiben auch Sie nicht allein, insbesondere wenn Sie merken, dass es um Themen geht, die eine professionelle Weiterbegleitung brauchen.

Formulierungshilfen

- »›Ich höre dir zu…‹
- ›Du kannst dann mit mir sprechen, wenn du möchtest / kannst.‹
- ›Wenn du möchtest, erzähle es mir…‹
- ›Wie geht es dir?‹
- ›Wie fühlst du dich zur Zeit?‹
- ›Was wünschst du dir?‹
- ›Was macht dir Angst?‹«
  (www.jetzt-mutmachen.de)

Akzeptanz

- Auch wenn die Situation aktuell schwierig ist – mache ich trotzdem etwas daraus.
- Auch wenn ich mir Sorgen um meine körperliche Gesundheit und die anderer mache – bleibe ich doch zuversichtlich und achte auf meine psychische Gesundheit.
- Auch wenn es mich frustriert, dass alternative Unterrichtskonzepte nicht schon früher erarbeitet wurden – freue ich mich jetzt dennoch, etwas Neues lernen und etablieren zu können.
- Auch wenn ich mich momentan zwischen Beruf und Familie zerrissen fühle – erlaube ich mir dennoch, nicht perfekt sein zu müssen.
  (angeregt durch www.innen-leben.org)

Tipps gegen Tücken

Vor allem, wenn beide Gesprächspartner aus dem gleichen Kontext kommen und etwa Kollegen sind, fällt die Offenheit, die es für das aktive Zuhören braucht, oft schwer. Allzu groß ist die Verführung für den Zuhörer, schnell ein Stichwort aufzunehmen, »Ich weiß ja, wie es ist!« und damit in seine eigene Geschichte und sein eigenes Erleben einzusteigen. Das Gespräch wird so zu einer assoziativen Aneinanderreihung von Erlebnissen und Anekdoten und entfernt sich vom Anliegen des Menschen in der Krise. Festzustellen, dass man mit einer schwierigen Situation nicht allein ist und andere ähnliche Probleme haben, kann durchaus auch entlastend wirken. In wirklichen Krisen ist aber die ungeteilte Aufmerksamkeit für die Ängste und Sorgen manchmal bereits Balsam.

Neben der Aufmerksamkeit für die Belange des Gegenübers braucht es also immer wieder auch eine umsichtige Selbstregulation: Bin ich noch beim anderen? Was von dem, was ich denke und fühle, ist mein eigenes Thema? Was davon ist nützlich und hilfreich für mein Gegenüber, was eher nicht? Wie ist es um meine eigenen Ressourcen bestellt: Wieviel Zeit und Energie kann ich fürs Zuhören aufbringen? Wo laufe ich Gefahr, über meine eigenen Grenzen zu gehen? Wer kann mir und dir noch helfen?

Das Wichtigste in Kürze

- Machen Sie sich bewusst, wie wertvoll Da-Sein und Zuhören sind.
- Geben Sie Zeit, Raum, Geduld und Aufmerksamkeit.
- Unterscheiden Sie zwischen Tatsachen und Problemen.
- Helfen Sie, die Situation zu akzeptieren. Es ist wie es ist.
- Würdigen Sie das Problem, aber vertiefen Sie es nicht noch.
- Bleiben Sie optimistisch, aber bagatellisieren Sie nicht.
- Wenn Sie intervenieren, dann nach dem Prinzip »Auch wenn – dennoch«
- Überfordern Sie sich selbst nicht, weder in Ihren Ressourcen, noch in Ihren Kompetenzen.

3.3 »Beratungsresistenz«... ist ein Unwort

Zum Beispiel

- Auf dem Elternsprechtag der Erprobungsstufe hat der Klassenlehrer den Eltern einen Schulformwechsel ihres Kindes dringend empfohlen. Die Eltern entscheiden sich jedoch, das Kind in der Schule zu belassen und ein weiteres Jahr abzuwarten. Der Klassenlehrer beschreibt die Eltern als »beratungsresistent«.
- Eine Kollegin beklagt sich regelmäßig über die steigende Arbeitsbelastung und die immer schwieriger werdenden Schüler. Alle guten Tipps und Ratschläge zur Selbstorganisation und zur Unterrichtsgestaltung nimmt sie zur Kenntnis, ändert aber nichts, weder an ihrem Verhalten noch an ihrer Klage. Sie haben schon keine Lust mehr, der »beratungsresistenten« Kollegin in der Pause zu begegnen.
- Als Schulleitung haben Sie schon mehrfach mit dem Kollegen über seine flapsige, unorganisierte Art gesprochen. Inzwischen häufen sich Beschwerden von Schülern, Eltern und Kollegen. Bei der nächsten antworten Sie seufzend: »Ich weiß davon, aber wissen Sie, der Kollege ist einfach beratungsresistent.«

Vorbemerkungen

Manchmal hat man den Eindruck, das Wort »Beratung« werde im schulischen Kontext nahezu inflationär verwendet: Informationsabende für Eltern, Klärungsgespräche mit Schülerinnen und Schülern, Ausbildungs- und Anleitungsgespräche mit Referendaren und Lehramtsanwärtern, kollegiales Feedback, Beurteilungsgespräche nach Anhospitation durch die Schulleitung – all das und noch viel mehr findet in manchen Schulen unter dem Titel »Beratung« statt, auch wenn es sich um ganz unterschiedliche Gesprächssituationen handelt. (Zur Unterscheidung von Gesprächstypen siehe Kap. 1.4 »Gespräch ist nicht Gespräch – Einige Kategorien«).

Eine »Beratungsresistenz« wird dann festgestellt und beklagt, wenn der Gesprächspartner die Sichtweise, Ratschläge, Tipps oder Entscheidungen nicht annimmt, die man ihm nahegelegt hat. Die zugrundeliegende Prämisse lautet offensichtlich, dass es möglich ist, für eine andere Person besser als diese selbst zu wissen, was gut und richtig für sie ist. Trifft sie eine andere Entscheidung, wird das als Widerständigkeit und unliebsame »Resistenz« gedeutet.

Solch eine Haltung mündigen Menschen gegenüber wird weder einem psychodynamischen Verständnis von Beratung gerecht noch entspricht sie einem Menschenbild, das die Individualität und den freien Willen jeder Person ernst nimmt.

Theoretischer Hintergrund

Hinsichtlich Beratung ist zu unterscheiden zwischen den beiden Formaten »Expertenberatung« und »Prozessberatung«. Von *Expertenberatung* spricht man dann, wenn sich ein Ratsuchender bei einem Experten, einer Expertin notwendige Informationen zu einem Sachverhalt einholt, mit deren Hilfe er dann eine Entscheidung zu einer für ihn wichtigen Frage treffen kann. Wenn Sie sich zum Beispiel von einem Arzt zu Therapiemöglichkeiten oder einem Rentenberater zu finanziellen und juristischen Aspekten des Ruhegeldes beraten lassen, spricht man von einer Expertenberatung. Ihr Ansprechpartner spricht, wenn Sie es erfragen, möglicherweise eine Empfehlung aus, Sie selbst aber müssen letztlich Ihre Entscheidung treffen und verantworten, schließlich sind Sie die entscheidende Autorität für Ihre Lebensgestaltung.

Von *Prozessberatung* ist dann die Rede, wenn die Aufgabe des Beraters im Wesentlichen in der Begleitung des Denk-, Reflexions- und Entscheidungsprozesses liegt, er aber kein explizites Expertenwissen dazu hat. Diese Form ist oft im Bereich der psychosozialen Beratung zu finden oder auch etwa in Coaching und Supervision, in der der Supervisor nicht zwingend Feldkompetenz im Arbeitsfeld der Supervisanden haben muss. Vielmehr können ein gutes Maß an Unwissenheit, gepaart mit professioneller Neugier und guten Fragen, die Offenheit von Denkprozessen positiv anregen. In Anlehnung an die Wirkung von Kurzzeittherapie lässt sich über diese Beratung sagen: »Wir haben gelernt, dass die Aufgabe […] nicht darin besteht, das Problem zu lösen, sondern vielmehr herauszufinden, was die Klienten anstellt des Problems möchten, wenn das Problem verschwunden ist, und dann den Klienten dabei zu helfen, diese Ziele zu erreichen. Es hat uns selber überrascht, aber die Lösung kann entwickelt werden ohne herauszufinden, was genau das Problem ist, und Lösungen können ohne direkte Versuche, das Problem zu stoppen, entwickelt werden. [Beratung] kann also manchmal stattfinden, ohne dass man weiß, was das Problem ist oder was genau die Lösung ist.« (de Shazer 1997, S.71)

In der Schule haben wir mit den beiden Formaten zum Beispiel in der Berufs- oder in der Schullaufbahnberatung zu tun (Expertenberatung) oder in der beratenden Begleitung von Schülern, Eltern und Kollegen durch ausgebildete Beratungslehrer, Schulsozialarbeiter, Schulseelsorger oder den schulpsychologischen Dienst (in den meisten Fällen eher Prozessberatung).

Die folgenden Ausführungen fokussieren auf letztgenannte Form und stützen sich auf Ansätze aus der systemischen Beratung und aus der personenzentrierten, nichtdirektiven Beratung nach Carl Rogers, zwei Ansätze, die ihn ihren Grundlagen und ihrer Arbeitsweise durchaus unterschiedlich sind, in ihrer wertschätzenden und ressourcenorientierten Grundhaltung dem Ratsuchenden gegenüber aber wesentliche Gemeinsamkeiten haben.

Der Psychologe Carl Rogers, der Mitte des 20. Jahrhunderts in seiner Arbeit die personenzentrierte und nicht-direktive Beratung entwickelt hat, definiert: »Wirksame Beratung besteht aus einer eindeutig strukturierten, gewährenden Beziehung, die es dem Klienten ermöglicht, zu einem Verständnis seiner selbst in einem Ausmaß zu gelangen, das ihn befähigt, aufgrund dieser neuen Orientierung positive Schritte zu unternehmen.« (Rogers 2018, S.28) Im Mittelpunkt der Arbeit steht also der ratsuchende Mensch, nicht etwa das Problem. Es geht primär nicht um die Suche nach Lösungen, sondern zunächst einmal um eine Selbstakzeptanz des Ratsuchenden mit allem, was als unzulänglich und fehlerhaft wahrgenommen wird.

Der Berater arbeitet mit der ratsuchenden Person nicht-direktiv, das heißt er gibt keine Entwicklungslinien, Wege, Ideen vor, sondern gestaltet die Beziehung zum Gesprächspartner aus einer unterstützenden, akzeptierenden Haltung heraus. Die wichtigsten Grundbegriffe dieser personenzentrierten Beratung lauten:

- *Kongruenz* – Darunter sind die Echtheit, Unverfälschtheit und/oder Transparenz des Beraters zu verstehen. Nur aus einem gelungenen Beziehungsaufbau heraus kann das Wachstum des Ratsuchenden entstehen. Abwehrhaltung, Fassadenhaftigkeit oder emotionales Verstecken verhindern hingegen den Aufbau einer gelungenen Beziehung.
- *Empathie* – Meint den Prozess der wertfreien Zuwendung zum Gegenüber, des Kennenlernens und Nachvollziehens seiner Welt. Damit einher geht ein einfühlendes Verstehen, wie der andere diese Welt erlebt und welche Gefühle, Motive und Werthaltungen damit verbunden sind.

- *Bedingungslose positive Zuwendung* – Sie ermöglicht dem Ratsuchenden erst, in den Prozess der Veränderung hineinzukommen. Die Zuwendung und damit die Akzeptanz und Anerkennung der individuellen Einzigartigkeit des Menschen und dessen Geschichte tragen zur Selbsterkenntnis und Selbstwertsteigerung des Gegenübers bei.
  (nach Jähne/Schulz 2018, S. 18 f.)

Dem systemischen Denken und Arbeiten liegt ebenfalls die Haltung zugrunde, dem Menschen als einem sogenannten autopoietischen System zu begegnen, das seine erlebte Realität autonom konstruiert und erzeugt und das sich von außen nicht beliebig verändern lässt, schon gar nicht gegen seinen Willen. Autopoietische Systeme sind auf Selbsterhalt ausgerichtet und funktionieren nach ihren eigenen Systemregeln. Wenn Sie zum Beispiel einem Schüler sagen, er soll aufhören, mit dem Stuhl zu kippeln, kann es sein, dass er das tut (vermutlich nur für eine begrenzte Zeit) oder dass er genau das Gegenteil tut und erst recht herumwackelt oder dass er etwas ganz anderes tut, zum Beispiel anfängt, seinen Tischnachbarn zu ärgern. Die Reaktion des Schülers auf Ihre Intervention folgt also seinen, nicht Ihren Regeln.

Unter Bezugnahme auf konstruktivistische Sichtweisen gehen die Systemiker davon aus, dass es nicht *die* soziale Wirklichkeit gibt, sondern unterschiedliche Wahrnehmungen und Deutungen einer Situation (siehe Kap. 2.1 »Sehen, sagen, deuten, verstehen«). Folglich gibt es aus ihrer Sicht auch keine Probleme an sich, sondern lediglich Zustände, die von bestimmten Mitgliedern eines Systems als problematisch definiert werden. Systemiker denken zirkulär und arbeiten lösungsorientiert unter Verwendung von Hypothesen. Ziel einer Beratung ist es, Möglichkeiten zu entdecken und damit den Ratsuchenden in schwierigen Situationen (wieder) handlungsfähig zu machen. Denk- und Strukturierungsprozesse werden durch Interventionen und systemische Fragen angeregt, Lösungen werden danach beurteilt, ob sie für den Ratsuchenden viabel, gangbar und nützlich sind. Ob und wann das Ziel der Beratung erreicht ist und der Prozess abgeschlossen werden soll, entscheidet der Ratsuchende im Prozess.

Für Lehrerinnen und Lehrer, die sich im Bereich der Beratung weiter- und ausbilden lassen, sind oft weder Theorie noch Handwerkszeug die größte Herausforderung, sondern gerade diese Veränderung in der Haltung dazu, wie Menschen am besten geholfen werden kann. Die Art und Weise, wie andere bei ihren Denk- und Entscheidungsprozessen zu unterstützt werden, unterscheidet sich im beraterischen Tun deutlich vom typischen Lehrerhandeln. Der Grund, warum Lehrerinnen und Lehrer manchmal von Beratungsresistenz sprechen, kann in dieser Unterschiedlichkeit der Rollen- und Aufgabendefinition liegen.

Lehrerinnen und Lehrer

- planen Lernprozesse über einen längeren Zeitraum
- legen die Ziele des Lernprozesses im Vorhinein fest
- müssen sich in den Zielformulierungen auch nach bestimmten äußeren Vorgaben richten
- stellen Fragen, die oft keine wirklichen Fragen sind, sondern didaktische Impulse
- beurteilen, bewerten und benoten nach Kriterien von richtig und falsch
- richten ihren Blick klar auch auf das, was noch nicht gelingt, um Schüler entsprechend zu fördern
- geben gute Ratschläge, Tipps, Lösungen; teilen ihre fachliche Kompetenz im Lehren
- müssen oft in engen Zeitfenstern strukturiert arbeiten

Beraterinnen und Berater

- sind Prozessbegleiter
- hören und helfen dem Ratsuchenden, ein für ihn stimmiges, selbst erreichbares Ziel zu finden, und bleiben offen dafür, dass sich das Ziel im Laufe der Beratung verändern kann
- sehen den Ratsuchenden als Autorität und bleiben selbst ergebnissoffen
- stellen wirkliche und überraschende Fragen, sind neugierig und interessiert an den Denkprozessen, die sie auslösen
- arbeiten mit Hypothesen, nicht mit Diagnosen oder Urteilen, benoten nicht und stehen in einem unabhängigen Verhältnis zum Ratsuchenden
- arbeiten ressourcen- und lösungsorientiert, vermeiden Problemorientierung
- stellen sich als Resonanz und Begleiter zur Verfügung; teilen ihre beraterische Kompetenz und ihr bewusstes Nicht-Wissen
- können sich Zeit lassen, sich auf die Arbeit mit dem Ratsuchenden so lange einzulassen, wie es notwendig und gewünscht ist

Unter welchen Grundvoraussetzungen kann nun Beratung im schulischen Kontext stattfinden?

1. Beratung soll *freiwillig* stattfinden, das heißt, sowohl Ratsuchender als auch Berater müssen eine grundsätzliche Bereitschaft mitbringen, sich auf den Prozess einzulassen. Auch wenn ein Schüler zu einem Beratungslehrer geschickt wird, liegt doch die Entscheidung, ob und wie weit er sich dort auf das Gespräch einlässt, allein in seiner Hand. Gleiches gilt für Beratung in anderen Pflichtkontexten, wie sie zum Beispiel in bestimmten Ausbildungen (Referendariat, pädagogische / psychologische Ausbildungen) gegeben sind.
2. Berater und Ratsuchender sollen in *keinem Abhängigkeitsverhältnis* zu einander stehen. Ob der Klassenlehrer für den Schüler oder der Schulleiter für einen

Lehrer ein geeigneter Berater sein kann, ist darauf zu überprüfen, ob dadurch eine Rollenkonfusion entsteht (zum Beispiel als Bewerter, Prüfer oder Dienstvorgesetzter). Zumindest hinsichtlich der besprochenen Thematik solle eine größtmögliche Unabhängigkeit bestehen, ansonsten ist eine andere Person als Berater in diesem Fall besser geeignet.

3. Beratung findet *ergebnisoffen* statt. Wenn der Berater ein eigenes Interesse am Ausgang der Thematik hat, kann er den Prozess der mutigen Öffnung von Möglichkeiten nur eingeschränkt begleiten und wird in der Ambivalenz des Ratsuchenden bewusst oder unbewusst Position beziehen. Daher sind nahestehende Menschen oft keine guten Berater, sondern eher freundschaftliche Ratgeber oder critical friends. Lehrer müssen in der Beraterrolle zum Beispiel möglicherweise auch aushalten können, dass die gute Note oder der tolle Schulabschluss nicht für jeden Ratsuchenden die bestmögliche Lösung ist.
4. Beratung braucht *Vertraulichkeit* und Verschwiegenheit vonseiten des Beraters. Was in Beratung gesprochen wird, bleibt dort und gelangt nicht in fremde Ohren, es sei denn, es wird zwischen Ratsuchendem und Berater explizit vereinbart. Dem Klassenlehrer, der einen Schüler in die Beratung überwiesen hat oder den Eltern eines Schülers gegenüber wird Diskretion gewahrt, es sei denn, es ist ausdrücklich mit dem Ratsuchenden anders vereinbart (Ausnahmen sind z. B. Situationen der Gefahr für Leib und Leben oder zwingende dienstliche Gründe).

How to do

Am Anfang einer jeden Beratung steht ein Kontrakt, eine Art innerer Vertrag zwischen dem Ratsuchenden und der als Berater angefragten Person, in dem der Auftrag geklärt wird und die Erwartungen des Ratsuchenden mit dem Angebot des Beraters abgeglichen werden. Was wäre für den Ratsuchenden ein gutes Ergebnis des Gesprächs oder Prozesses und welche Idee hat er davon, was der Berater dazu beitragen könnte?

Der Berater sollte den Auftrag und die Erwartungshaltung des Ratsuchenden einschätzen können und dabei seine persönlichen und fachlichen Grenzen achten, wenn ein Fall z. B. eher in therapeutische Hände gehört. Diese Kontraktierung ist für beide wichtig und entlastend. Beide müssen einig sein, dass eine Beratung stattfinden kann und soll, und Vertraulichkeit über die Gesprächsinhalte vereinbaren. Das alles ist weit mehr als ein organisatorischer Vorlauf, sondern führt bereits mitten in den Arbeitsprozess.

Je nach Person, Gesprächsdynamik und Thema wird vor, bei und/oder nach der Kontraktphase auch die Situation, in der sich der Ratsuchende befindet, geschildert. Als Berater erfahren Sie etwas von der Weltsicht des Ratsuchenden, seinem Erleben und Deuten, seiner inneren Logik. Der Linguist Korzybski hat dafür das Bild der Landkarte geprägt, die der Sprecher von seiner inneren Landschaft angelegt hat und die er nun zu beschreiben versucht. Gerade wenn Sie als Mitglied des gleichen Systems als Berater angefragt werden, achten Sie darauf, nicht allzu schnell der (irrigen) Annahme zu folgen, die Situation, den Kontext und seine Akteure ja selbst nur allzu gut zu kennen. Beratung unterscheidet sich darin von einem kollegialen Austausch über Probleme, dass die Sichtweise und Weltdeutung des Ratsuchenden zunächst konkurrenzlos im Mittelpunkt der Überlegungen stehen.

Stellen Sie sich vor, Sie schauen einen Film, dessen Regisseur und Hauptdarsteller Ihr Gegenüber ist. Er hat dazu bestimmte Entscheidungen getroffen, etwa welche Details er in seiner Erzählung heranzoomt, was er herausschneidet, welche Szenen er mit dramatischer Musik unterlegt und wie er die Hauptfigur anlegt. Sprechen Sie anschließend mit ihm über diese seine Darstellung, stellen Sie ihm als Resonanz zur Verfügung, was seine Schilderung in Ihnen ausgelöst hat, fragen Sie nach dem, was ausgeblendet wurde oder gehen Sie auf bestimmte sprachliche Bilder und Metaphern ein, die er verwendet hat.

Tun Sie all das ohne zu bewerten und ohne einen Druck, Lösungen zu finden geschweige denn präsentieren zu müssen. Ihre Aufgabe als Prozessberater ist es, innere Prozesse in Ihrem Gegenüber anzuregen und ihn bei der Strukturierung und Anreicherung seiner Gedanken zu unterstützen. Wenn Sie eine gute Idee haben, dürfen Sie sie später ruhig sagen, aber bleiben Sie immer im Bewusstsein, dass ein Ratschlag, bildlich gesprochen, wie eines Ihrer Schuhpaare ist, in dem Sie selbst wunderbar gehen können, das dem anderen aber möglicherweise weder passt noch gefällt.

Explorieren Sie gemeinsam mit dem Ratsuchenden sein Anliegen und seinen Veränderungswunsch. Es ist wichtig, dass die Optionen, die in der Beratung entwickelt werden, vom Ratsuchenden selbst aktiv umgesetzt werden können. Sich an Umständen abzuarbeiten, die nicht veränderbar sind, oder festzustellen, dass sich das Problem nur dann ändert, wenn jemand Drittes sich ändert, sind wenig erfolgversprechend. Systemisch gedacht ist jedoch davon auszugehen, dass durch die Änderung eines Elements im System sich auch die anderen Elemente bewegen, vergleichbar einem Mobile, das heißt, wenn ich mich anders verhalte, werden sich auch die anderen anders verhalten (müssen).

Dazu ein Beispiel: Eine Lehrerin beschreibt, dass sie sich durch eine Teampartnerin belastet fühlt, die sich nicht an die gemeinsam abgesprochene Aufgabenteilung hält. Daher müsse sie immer noch kurzfristig Zusatzaufgaben übernehmen und die Arbeit der Kollegin mit erledigen. Gespräche darüber hätten bislang wenig verändert. Nun kann die Logik lauten, dass das Problem nur dann gelöst ist, wenn die Kollegin sich ändert – was sie aber vermutlich nicht tun wird, denn ihr Verhalten und die Muster und Regeln der Zusammenarbeit scheinen recht stabil zu sein. Die Ratsuchende kann aber weitere Möglichkeiten entwickeln: Sie könnte von vorneherein die Aufgaben der Kollegin mit übernehmen / die Aufgabenteilung neu und anders festlegen / sich eine andere Teampartnerin suchen / sich weniger über die Schwäche der Kollegin ärgern und nach einer ihrer Stärken suchen, die sich für die gemeinsame Arbeit nutzen lässt / überprüfen, wie groß ihr eigenes Appell-Ohr ist und ob sie wirklich alle diese Aufgaben übernehmen muss / darüber nachdenken, ob die Kollegin und sie unterschiedliche Vorstellungen von Zeitpunkt und Qualität der Aufgabenerledigung haben / die Aufgaben der Kollegin einfach nicht übernehmen und abwarten, was geschieht / mit der Kollegin in einem ruhigen Moment über ihr eigenes und deren Belastungserleben sprechen, unabhängig von einem konkreten Anlass usw. Indem unsere Ratsuchende irgendetwas anders macht als sie es bisher getan hat, wird sich mit größter Wahrscheinlichkeit etwas in ihr, in der Zusammenarbeit und/oder in der Kollegin ändern. Das Mobile gerät in Bewegung und löst sich aus erstarrten Problemmustern.

Als Berater ist es in einem solchen Prozess wichtig, die kreative Lösungssuche anzuregen und nicht schon bei der erstbesten Idee erleichtert zuzugreifen. Je mehr Optionen ein Mensch hat, umso handlungsfähiger und freier kann er sein, auch wenn Plan A nicht funktioniert. Welche der Möglichkeiten viabel, gangbar und damit realistisch umsetzbar, ist, wird die ratsuchende Person für sich entscheiden; der Berater bleibt ergebnisoffen und hilft durch Nachfragen, mögliche Vorteile und Nebenwirkungen der Optionen zu eruieren, um dem Ratsuchenden ein Abwägen und eine Entscheidung zu ermöglichen.

Beratungsanfänger folgen im Prozess oft einer didaktischen Phrasierung von einer Einstiegsphase (Kontrakt), über eine Hinführung zum Thema (Zieldefinition) und eine Bearbeitungsphase (Optionen), an deren Ende ein klares Ergebnis und ein Lernerfolg stehen (Lösungen). Die Prozessdynamik in Beratung ist hingegen nicht so klar planbar und linear. Durch das Aussprechen und Sortieren der Situation oder durch die Klärung eines erwünschten Zielzustands ergeben sich oft schon Lösungsideen, wobei Lösung meinen kann, dass sich etwas verflüssigt und leichter wird oder dass sich etwas auflöst, ein Problem nicht mehr als solches definiert wird. Äußerst selten hingegen handelt es sich um eine Lösung wie in einer Mathematik-Aufgabe im Sinne eines faktisch richtigen Ergebnisses.

Es kann vorkommen, dass allein eine Eingangsfrage wie »Was wäre für Sie ein gutes Ergebnis der Beratung?« so anregend wirkt, dass sie bereits einen Lösungsgedanken anregt und Änderungen herbeiführt, es kann aber genauso gut vorkommen, dass jemand völlig ohne eine greifbare oder sagbare Lösung aus einem Beratungsgespräch hinaus geht, aber zwei Tage später sehr klar das Gefühl hat, nun auf einmal zu wissen, was gut für ihn ist.

Und auch wenn sich nichts ändert, ändert sich etwas. In unserem oben stehenden Beispiel beschließt vielleicht die Lehrerin, sich weder eine neue Teampartnerin zu suchen noch mit der Kollegin über die Aufgabenverteilung zu sprechen noch es darauf ankommen zu lassen, Aufgaben nicht zu übernehmen. Es kann also sein, dass nach außen hin alles bleibt, wie es war – und sich dennoch etwas Entscheidendes geändert hat, da sie sich nun bewusst dazu entschieden hat, die Situation so zu akzeptieren, wie sie ist und alles genau so zu machen, wie sie es bislang getan hat. Damit ist sie handlungsfähig geworden und setzt zum Beispiel ihr Harmoniebedürfnis aktiv wichtiger an als die Auseinandersetzung mit der Kollegin. Aus einem *Ich muss* und *Ich kann nicht anders* ist ein *Ich will* und ein *Ich entscheide mich zu* geworden.

Formulierungshilfen

Zu Gesprächstechniken in der Beratung gibt es etliche eigene Veröffentlichungen, darunter Bücher und Kartensets mit vielfältigen systemischen Fragen. Als Beispiel und Anregung kann hier nur eine kleine Auswahl aufgeführt werden:

- Was wäre für Sie ein gutes Ergebnis unseres Gesprächs?
- Welches ist Ihr Anliegen?
- Was denken Sie, sollte in unserem Gespräch geschehen, damit Sie erleichterter gehen können als Sie gekommen sind?
- Was soll nachher anders sein als zuvor?
- Was sollte hier auf gar keinen Fall geschehen?
- Warum wenden Sie sich mit Ihrem Anliegen gerade an mich?
- Warum kommen Sie gerade jetzt zu mir, warum nicht vor einer Woche oder in einem Monat?
- Wie ist Ihr Erleben momentan? Was ist gut / gelingt gut, was nicht?
- Wie hat sich Ihr Problem im Laufe der Zeit entwickelt? War es plötzlich da? Ist es langsam aufgetreten? Ist es zeitweilig auch mal wieder weg?
- In welchen Situationen tritt das Problem auf? In welchen nicht?
- Wer ist noch der Meinung, dass es ein Problem ist? Wer nicht?
- Wie, denken Sie, denken andere Personen über das Problem?
- Wer hat noch ein Interesse daran, dass sich etwas ändert? Wer nicht?
- Was wäre, wenn sich nichts ändert?
- Auf einer Skala von 0 bis 10 – wie groß ist das Problem / wie hoch ist Ihre Motivation, etwas zu verändern / wie attraktiv ist diese Möglichkeit für Sie...?
- Was müssten Sie tun, um Ihr Problem noch zu verschlimmern?
- Wenn Ihr Problem morgen wie durch ein Wunder verschwunden wäre, was genau wäre dann anders? Woran würden Sie merken, dass es weg ist? Wer würde es noch merken?
- Was würden Sie vermissen, wenn Ihr Problem nicht mehr da wäre?
- Was würden Sie stattdessen tun?

- Wie haben Sie unser Gespräch erlebt?
- Was war besonders wichtig für Sie?
- Gibt es einen Gedanken, dem Sie weiter nachgehen möchten?

Tipps gegen Tücken

Ein empathisches kollegiales Gespräch mit gegenseitigem Erfahrungsaustausch, Tipps und dem Angebot, ein Problem für jemanden zu lösen, kann sehr hilfreich und unterstützend sein. In professionellen Beratungskontexten hingegen ist zwar der Berater, die Beraterin als Person authentisch präsent, tritt jedoch dienend demjenigen an die Seite, der das Anliegen hat. Beratung ist eine Form von Begleitung eines emanzipatorischen Prozesses, der Direktiven und Abhängigkeiten vermeidet.

Menschen mit einem übergroßen fürsorglich-nährenden Eltern-Ich oder starken Retteranteilen (siehe Kap. 2.2.1 »Die Transaktionsanalyse – Dramadreieck«) neigen hingegen dazu, die Probleme anderer für diese lösen wollen. Sie übernehmen in oder außerhalb von Beratung Aufgaben, die der Ratsuchende selbst bewältigen sollte und für die ihn die Beratung stärken kann. So wie ein Kind, das überbehütet wird, nur schwer lernt, Gefahren einzuschätzen, bleiben auch Erwachsene in ihren vertrauten Mustern, wenn sie nicht ab und an ihre Komfortzone verlassen. Die mütterliche Kollegin mit dem großen Herzen, die jedes traurige Kind ausgiebig und geduldig tröstet und für jedes Elternteil ein offenes Ohr und viel Zeit hat, kann ein Schatz für eine Schule sein. Überschreitet sie aber eine Grenze, kann ihr Verhalten auch unangemessen, indiskret und übergriffig werden, nämlich dann, wenn sie ihre Rolle als Lehrerin vergisst und sich als eine Art Ober-Familientherapeutin gebart, die Grenzziehungen als persönliche Zurückweisung auffasst. Die beste Beratung ist hingegen meist die, die sich selbst überflüssig macht.

Verlieren Sie den Kontrakt nicht aus den Augen und halten Sie im Bewusstsein, was Anliegen und Auftrag des Gegenübers sind. Überprüfen Sie im Verlauf der Beratung, ob das Ziel noch stimmig ist, und justieren Sie gegebenenfalls nach. Wenn aber der Berater mehr erreichen will, erwartet oder arbeitet als der Ratsuchende, sind die Rollen aus dem Lot geraten.

Vonseiten der Menschen, die Beratung aufsuchen, möchte nicht jeder wirklich auch Beratung für sich in Anspruch nehmen, manche suchen auch nur ein offenes Ohr um sich zu beklagen, andere sind interessiert, kommen aber ohne wirklichen Auftrag. Es ist vergleichbar mit in einem Ladengeschäft: Manche Kunden kommen mit Kaufabsichten, andere möchten nur mal schauen, wieder andere suchen nur jemanden, von dem sie sich mit ihren Beschwerden und Klagen gehört fühlen. In der Rolle des Beraters können Sie nur mit wirklichen Kunden in einen echten Arbeitsprozess starten, mit Ratsuchenden also, die etwas für sich aus der Beratung mitnehmen wollen. Auch um frühzeitig herauszufinden, ob jemand aus einem Veränderungsinteresse heraus Beratung möchte oder nur gerade ein offenes Ohr sucht – ein durchaus nachvollziehbares Anliegen – ist eine klare Kontraktierung zu Beginn eines Gesprächs angeraten.

Das Wichtigste in Kürze

- Beratung braucht einen guten Kontakt und ein Vertrauensverhältnis zwischen Ratsuchendem und Berater. Sie braucht aber gleichfalls eine Unabhängigkeit und Ergebnisoffenheit. Prüfen Sie daher zu Beginn gut, ob Sie der geeignete Gesprächspartner sind, und schließen Sie einen Kontrakt, der das Anliegen des Ratsuchenden und Ihre Ressourcen und Kompetenzen berücksichtigt.
- Begegnen Sie dem Erleben und der Weltsicht des Ratsuchenden mit Empathie und Respekt. Versuchen Sie, seine innere Logik und seine Landkarte der Welt zu entdecken und stellen Sie dabei Ihre eigenes Welterleben zurück. Bleiben Sie gleichzeitig authentisch. Verstehen heißt nicht gutheißen.
- Vertiefen Sie das Problemerleben nicht durch allzu genaue Nachfrage nach detaillierten Schilderungen. Richten Sie stattdessen Ihren Blick hauptsächlich auf die Ressourcen des Ratsuchenden.
- Beratung schafft Möglichkeiten und macht handlungsfähig. Es braucht dazu keine Ratschläge und Patentlösungen, sondern Kreativität, Offenheit, Optionen. Die Autoritätsinstanz über sein Leben ist der Ratsuchende.
- Menschen können sich nur selbst verändern. Beratung kann dabei begleiten, anregen, ermutigen.
- Beratung kann zielorientiert sein (im Sinne von Coaching) oder reflexionsorientiert (im Sinne von Supervision). Nicht jedes Beratungsgespräch braucht eine klare Lösung und einen Handlungsplan am Ende.
- Das Entscheidende passiert oft nicht im Beratungsgespräch, sondern in der Zeit danach im Denken, Fühlen und Handeln des Ratsuchenden. Die Themen werden in ihm weiterarbeiten.
- Seien Sie sich immer bewusst, dass die beste Beratung die ist, die sich überflüssig macht. Beratung ist ein emanzipatorischer Prozess.

3.4 Feedback – Über die Kunst, zu geben und zu nehmen

Zum Beispiel

- An Ihrer Schule sollen sich die Kollegen gegenseitig im Unterricht anhospitieren und sich anschließend ein Feedback geben. Bei einigen stößt das auf Widerstand, denn sie fürchten, dadurch in eine Situation zu geraten, in der sie sich wie Referendar und Fachleiter und nicht wie gleichrangige Kollegen fühlen und verhalten werden.
- Sie sind Schulleiter/in und nach einer Konferenz kommt ein Lehrer zu Ihnen mit der Ankündigung, er wolle Ihnen ein Feedback geben. Was er dann ausführt ist eine heftige Kritik, ein Rundumschlag größerer und kleiner angesammelter Unzufriedenheiten der letzten Jahre.
- Eine Kollegin, die einen leider recht misslungenen Elternvortrag gehalten hat, bittet Sie um einen Kommentar dazu. Da Sie die Kollegin menschlich sehr mögen und sie aufbauen möchten, geben Sie ihr eine freundlich aufmunternde, inhaltlich aber ausweichende Rückmeldung.

Vorbemerkungen

Nicht selten wird von Feedback gesprochen, wenn es sich eigentlich um eine Form von Bewertung handelt. In der fachlichen Unterrichtsnachbesprechung der Stunde eines Referendars oder der Hospitation durch den Schulleiter in einem Beförderungsverfahren liegt keine offene Situation gegenseitiger Rückmeldung vor, sondern Ziel ist eine kriteriengeleitete Beurteilung einer Unterrichtsstunde oder Präsentation. Das Gespräch danach Feedback zu nennen, klingt weicher und moderner, geschieht aber in anderer Intention und trifft im Kern nicht den tatsächlichen Gesprächstyp.

Grundsätzlich lassen sich Feedback und Bewertung dadurch unterscheiden, dass eine Beurteilung hierarchisch und einseitig, ein Feedback hingegen wechselseitig angelegt ist. Im Feedback spiegelt sich die subjektive Wahrnehmung eines Beobachters, während eine Beurteilung nach möglichst objektiven Kriterien erfolgen soll. Das Erkenntnisinteresse in Feedback-Situationen liegt auf Seiten des Empfängers der Rückmeldung, während es in Bewertungssituationen durch den Kontext vorgegeben und tendenziell eher im Interesse das Ranghöheren ist, der als kompetentere oder erfahrenere Person die weniger kompetente oder erfahrene bewertet.

Theoretischer Hintergrund

Jede Reaktion eines Empfängers auf die Botschaft eines Senders ist letztlich eine Art von Feedback, sei sie bewusst oder unbewusst, körperlich oder verbal, wird ausgesprochen oder bleibt sie unausgesprochen. Durch die Reaktion des Empfängers wird für den Sender erkennbar, was von dem, was er ausdrücken wollte, auf welche Weise bei seinem Gegenüber angekommen ist. Er bekommt also eine Resonanz, eine Rückmeldung zur Wirkung seines Verhaltens. Das ist die Wortbedeutung von Feedback. So wenig wie es eine objektive soziale Wahrnehmung gibt (siehe Kap. 2.1 »Sehen, sagen, deuten, verstehen«), kann es also ein objektives Feedback geben. Vielmehr ist es immer geleitet durch die Interpretation, die Erwartungshaltung, die Fokussierung und die Einordung des Feedback-Gebers.

Als bewusst eingesetzte Form eines Rückmeldegesprächs eröffnet Feedback die Möglichkeit, die eigene Wirkung zu überprüfen und abzugleichen. Man spricht von sogenannten »Blinden Flecken« in der Selbstwahrnehmung, die nur durch Feedback für uns selbst erkennbar werden können. Es handelt sich Verhaltensweisen und Eigenheiten, die andere wahrnehmen, die uns selbst aber nicht bewusst sind. Das kann eine kleine Angewohnheit sein wie ein nervöses Räuspern oder das Drehen einer Haarsträhne, stereotype Formulierungen und Ähnliches. Es kann auch sein, dass es in bestimmten Situationen eine Differenz zwischen Selbst- und Fremdeinschätzung gibt, dass also zum Beispiel jemand streng oder missmutig wirkt, wenn er sich selbst als konzentriert erlebt, oder dass eine Form von Humor bei den anderen nicht als lustig, sondern als verletzend oder abwertend ankommt. Ob jemand etwa »nur« selbstbewusst oder »schon« arrogant wirkt, lässt sich nicht objektiv messen, sondern nur durch die Frage nach der Wirkung auf andere in Erfahrung bringen.

Als Gesprächstyp ist Feedback also eine Form der nichthierarchischen, subjektiven Rückmeldung über Wahrnehmung, Verstehen und Erleben von Verhaltensweisen und damit ein elementares und effizientes Mittel der Selbstreflexion und -Entwicklung. Feedback hilft auch, Meinungen, Sichtweisen oder Beziehungen zu klären und trägt zu einer offenen Konfliktbearbeitung und -lösung bei. (Lorenz/Oppitz 2018)

Feedback kann eine stabilisierende Wirkung auf das Miteinander von Menschen haben. Studien zeigen, dass selbst eine negative Rückmeldung als weniger belastend empfunden wird als das völlige Ausbleiben von Feedback. Unser tiefes evolutionäres Erbe ist ein Bedürfnis nach Zugehörigkeit und danach, von anderen wahrgenommen zu werden; ignoriert und geschnitten zu werden ruft die Angst vor sozialer Ausgrenzung wach. (Bartens 2017)

In unseren sozialen Beziehungen fühlen wir uns hingegen dann sicher, wenn wir nicht nur unser Gegenüber einschätzen können, sondern auch eine Vorstellung davon haben, wie der andere uns sieht. Nach dem Ergebnis dieser beiden

Annahmen richten wir unser Verhalten aus. Wer denkt, der andere schätzt und mag ihn, ist freier und gelöster in der Kommunikation als wenn er davon ausgeht, dass er für unsympathisch oder dumm gehalten wird. Wir neigen oft dazu, selbst skeptischer zu sein und eine negativeres Fremdeinschätzung zu vermuten, als es in Wirklichkeit der Fall ist. Daher ist es gut, sich – mindestens im Zweifel, besser regelmäßig – eine Rückmeldung in Form eines Feedbacks einzuholen. Das bedeutet weder fishing for compliments noch ein Sich-abhängig-Machen vom Urteil anderer, sondern Orientierung wie durch ein nautisches Instrument: Bin ich noch auf dem Kurs, auf dem ich sein will, oder möchte ich etwas nachjustieren? Anselm Grün und Friedrich Assländer unterscheiden dabei zwischen Bestärkungs-Feeback und Entwicklungs-Feedback und heben ebenfalls seine Wirkung als Orientierung und Anstoß zur eigenen Entwicklung hervor (Assländer/Grün 2006), die in zwei Richtungen gedacht werden kann: Was ist gut beizubehalten, zu stärken, zu nutzen, zu pflegen? Was ist gut zu verändern, abzulegen, neu zu entwickeln?

Neben seiner (selbst-)stabilisierenden Wirkung kann ungeschicktes oder ungebetenes Feedback vom Empfänger auch als Zumutung erlebt werden und dann Anlass für Verunsicherung, Scham oder das Gefühl von Bloßstellung sein. Das hängt damit zusammen, dass jede Rückmeldung im Empfänger von Feedback drei existenzielle Themen zum Schwingen bringen kann, die entweder auf eine erfreuliche oder auf eine belastende Art und Weise angesprochen werden: Feedback berührt unsere *Autonomie* und ist dann dazu geeignet, unsere Grenzen zu verletzen, wenn wir es als unangemessenes Eindringen in unseren Persönlichkeitsbereich erleben. Feedback kann die eigene *Identität* in Frage stellen und erschüttern, wenn es unserem Selbstkonzept widerspricht. Und Feedback kann förderlich oder zerstörerisch für unseren *Selbstwert* sein, wenn es implizit in Frage stellt, ob wir wertvoll und liebenswert sind.

Die Angst, in diesen Bereichen empfindlich berührt zu werden, führt manchmal dazu, Feedback eher aus dem Weg zu gehen und die Unsicherheit der Fremdeinschätzung auszuhalten als das Instrument mutig für sich zu nutzen. Eberhard Stahl spricht in einer exemplarischen Arbeit mit dem inneren Team davon, dass wir drei Wächter in uns haben, die Selbstwert, Selbstbild und Autonomie schützen. Soll Feedback also wirksam werden können, gilt es, umsichtig zu sein und

- offene Ohren bei den interessierten Anteilen (Neugieriger, Aufgeschlossener, Selbstkritischer) zu finden,
- den belasteten Anteilen (Überrumpelung, Verunsicherung, Scham) nicht mehr als nötig zuzumuten und damit
- die abwehrbereiten Anteile (Wächter von Selbstwert, Selbstbild und Autonomie) nicht unnötig zu provozieren bzw. von ihnen einen »Passierschein« zu erhalten. (Stahl 2009)

How to do

Feedback braucht einen Kontrakt, eine gegenseitige Vereinbarung, sowohl desjenigen, der bereit ist, seine Wahrnehmung zu äußern und zur Verfügung zu stellen, als auch desjenigen, der ein Feedback bekommen möchte. Diese Vereinbarung kann entweder durch den institutionellen Kontext vorgegeben sein (zum Beispiel nach kollegialen Hospitationen oder in einer Form von Jahresmitarbeitergesprächen) oder situativ miteinander vereinbart werden. In diesem Fall sollten »Angebot« und »Nachfrage« zueinander passen: Möchtest du von mir ein Feedback zu...? Wozu genau möchtest du von mir ein Feedback? Ich hätte gerne von dir eine Rückmeldung zu... Ohne eine Bereitschaft beider Gesprächspartner wird Feedback nicht gelingen.

Sofern sie nicht institutionalisiert ist, sollte die Feedback-Situation vom Feedback-Nehmer eröffnet werden, der aus einem bestimmten Interesse heraus oder zu einem konkreten Aspekt eine Rückmeldung wünscht. In dieser Form sollte Feedback immer erfragt und gewünscht, niemals übergestülpt sein.

Wenn Sie Feedback geben, tun Sie dies stets im Bewusstsein ihrer eignen Subjektivität. Beschreiben Sie die Wirkung, die ein gezeigtes Verhalten bei Ihnen ausgelöst hat, und vermeiden Sie dabei absolut gesetzte Bewertungen von richtig/falsch oder gut/schlecht. Seien Sie ehrlich in der Rückmeldung Ihrer eigenen Wahrnehmung, verallgemeinern Sie sie nicht (»Alle anderen sehen das auch so«), aber lassen Sie sie sich auch nicht ausreden (»Niemand außer dir sieht das so«).

Seien Sie sich bewusst, dass es keinesfalls ihr Auftrag ist, Ihr Gegenüber zu verändern, schon gar nicht, gegen seinen Willen. Ihr Feedback kann Ihren Gesprächspartner ins Nachdenken bringen und er wird frei entscheiden, was sich für ihn daraus ergibt.

Wenn Sie ein Verhalten beobachtet haben, das aus Ihrer Sicht unverantwortlich und zu bemängeln ist, ist Feedback nicht die geeignete Form. Entweder handelt es sich dann um ein Beurteilungsgespräch oder es ist nötig, ein Kritikgespräch zu führen (dazu siehe Kap. 3.5 »›Ich habe mich so über einen Kollegen geärgert!‹ – Jemandem etwas zu Kritisierendes mitteilen«). Beide sind in ihrer Struktur tatsächlich sehr ähnlich. Die entscheidenden Unterschiede liegen aber, wie eingangs bereits beschrieben, darin, auf wessen Seite der Problembesitz und das Veränderungsinteresse liegen. Wenn der Feedbacknehmer im Gespräch die Führung übernimmt und durch seine Fragen die Rückmeldung bewusst einholt, bleibt diese Gewichtung klar. Achten und respektieren Sie als Feedbackgeber die Lenkung und eventuelle Stopp-Signale Ihres Gesprächspartners.

Gibt es keinen klar fokussierten Auftrag, z. B. weil das Feedback nicht situativ gewünscht, sondern institutionell vorgesehen ist, konzentrieren Sie sich dennoch möglichst auf ein konkretes Verhalten in einer konkreten Situation:

1. Umreißen Sie die Situation, nennen Sie die beobachtbaren Fakten. Machen Sie dabei deutlich, worauf Sie Ihre Aufmerksamkeit besonders gerichtet haben.
2. Formulieren Sie persönlich, in der Ich-Form. Öffnen Sie Ihre subjektive Deutung der Situation: Was hat wie auf Sie gewirkt? Worauf beziehen Sie sich? Welche Gedanken und Gefühle hat das Verhalten in Ihnen ausgelöst? (Lorenz 2018)
3. Eventuell können Sie eine persönliche Ermunterung oder positive Handlungsanregung anschließen (»Als du dich vom Manuskript gelöst hast, hast du auf mich sehr authentisch gewirkt. Ich finde, das könntest du ruhig öfter tun.«).
4. Zum Abschluss können Sie auch mit dem Feedbacknehmer teilen, was das Beobachtete und Gesagte mit Ihnen selbst zu tun hat, denn unsere Wahrnehmung ist immer Ergebnis unserer eigenen Aufmerksamkeitsfokussierung und damit auch eine Selbstaussage (»Ich bin selbst ein sehr strukturierter Mensch und deshalb sind mir in deiner Stunde die Phasenübergänge besonders aufgefallen.« »Ich selbst habe immer Probleme mit dem Zeitmanagement und fand es sehr hilfreich, wie klar du die Arbeitsschritte geplant hast.«)

Als Empfänger hören Sie gut zu, stellen Sie gegebenenfalls Verständnisfragen, aber halten Sie sich mit Kommentaren zurück, vermeiden Sie vor allem, sich zu rechtfertigen oder zu verteidigen, wenn Sie etwas hören, das auf Sie unangenehm wirkt. Nehmen Sie Feedback im Bewusstsein, dass es sich weder um eine Diagnose noch um ein Urteil handelt, sondern um die Wahrnehmung und Einschätzung dieser einen Person, an deren Rückmeldung Sie gerade interessiert sind.

Gegebenenfalls können Sie sagen, welche Wirkung und Resonanz das Gesagte in Ihnen auslöst, bleiben Sie dabei aber in der konkreten Situation und beenden Sie das Gespräch, wenn Sie alles verstanden haben. Bedanken Sie sich bei Ihrem Gesprächspartner, der sich Zeit für Sie genommen hat, nehmen Sie Ihr Feedback erst einmal quasi zur Probe mit und lassen Sie es auf sich wirken. Entscheiden Sie später in Ruhe, was davon für Sie brauchbar ist, welche Konsequenzen Sie daraus ziehen und wie Sie es als Impuls für Ihre eigene Persönlichkeitsentwicklung nutzen können. Zu einem späteren Zeitpunkt können Sie Ihrem Feedbackgeber mitteilen, ob und was Sie aus der Situation mitgenommen oder gelernt haben; zu dieser Gelegenheit können Sie, wenn nötig, auch Anteile des Feedbacks »zurückgeben«, die Sie nicht haben möchten.

Zuletzt noch einige Hinweise für spezifische Situationen:

Insbesondere für die Zusammenarbeit in *Teams* oder kollegialen Strukturen eignet sich ein regelmäßiges gegenseitiges Feedback, zum Beispiel in folgendem Format:

- Das schätze ich an unserer Zusammenarbeit, weil…
- Das finde ich in unserer Zusammenarbeit hinderlich, weil…
- Das wünsche ich mir in Zukunft für unsere Zusammenarbeit, denn…

In Situationen der *kollegialen Unterrichtshospitation* sollten sich vorab alle beteiligten Kolleginnen und Kollegen über ihre Rollen verständigen und sich über ihr Verständnis von Feedback austauschen. Besuchen Sie einander in der Haltung eines »kritischen Freundes«, unabhängig von Dienstgrad, Erfahrung und Enge der sonstigen Zusammenarbeit. Das Feedback sollte dazu beitragen, Ideen zu entwickeln und Handlungsalternativen zu erweitern, im gegenseitigen Geben und Nehmen voneinander zu lernen und so die Professionalität aller Beteiligten zu stärken.

Eine Feedback-Situation in einer *hierarchischen Konstellation*, wie sie etwa in Jahresmitarbeitergesprächen vorliegt, ist mit besonderer Sensibilität zu gestalten. Der Führungskraft muss bewusst sein, dass das Feedbackgespräch nicht zu einer Beurteilung des Mitarbeiters quasi missbraucht werden darf, dem Mitarbeiter muss aber auch klar sein, dass die Führungskraft in Ihrer Rolle verhaftet ist.

Wenn Feedback aus einer Machtposition heraus gegeben wird, stehen autoritäre Mittel zur Verfügung, unmittelbaren Zugriff auf das Hoheitsgebiet und das Selbstkonzept des Empfängers zu nehmen (»Ich kann dein Verhalten besser beurteilen, als du selbst es kannst.« »Du musst dir das jetzt anhören.«). Vorgesetzte, Lehrer und Therapeuten sollten also besonders umsichtig mit Feedback sein. (Stahl 2009)

Tipps gegen Tücken

Ein Feedback sollte nicht übergestülpt sein, sondern vom Feedbackgeber erbeten werden. Um das sicher zu stellen, ist es wichtig, dass die Führung im Feedbackgespräch in der Hand des Feedbacknehmers liegt. Wenn der Feedbackgeber die Gesprächsleitung übernimmt, ist die Gefahr groß, dass es zumindest in Anteilen zu einer Bewertungssituation kommt und der Empfänger nicht mehr regulieren kann, zu welchen Aspekten er in welcher Intensität eine Rückmeldung möchte. Diese Sicherheit ist aber eine wichtige Voraussetzung, sich auf die Feedbacksituation einzulassen und von ihr zu profitieren.

Die Trennung zwischen Beschreibung und Bewertung klingt theoretisch leicht, hat aber in der Anwendung Tücken. Was für den einen eine bloße Beschreibung ist, hat für den anderen schon einen deutlich wertenden Klang. (»Ihre Stimme war sehr streng.« »Sie haben wenige Fragen gestellt.«). Verständigen Sie sich auch im Feedbackgespräch immer wieder darüber, wie das, was Sie sagen, beim Gegenüber ankommt – holen Sie sich also ein Feedback zum Feedback ein.

Feedback wird in der Regel anlassbezogen erteilt. Wie ist aber damit umzugehen, wenn eine persönliche Grenze erreicht ist, ein Kollege etwa Körpergeruch hat oder eine Kollegin sich unangemessen kleidet? Handelt es sich in diesen Fällen um eine Feedbacksituation, in der jemand, der sich seiner Wirkung nicht bewusst ist, auf einen blinden Fleck hingewiesen wird? Oder ist es keine Feedback-Situation, weil die Person nicht um eine Rückmeldung zu ihrem Äußeren gebeten hat?

Bevor Sie die Person ansprechen, stellen Sie sich folgende Fragen: Stört mich das Verhalten persönlich? (Zum Beispiel, wenn jemand ein starkes Parfum benutzt, das Kopfschmerzen auslöst.) Entspricht es meiner Rolle oder ist es meine Aufgabe, die Person anzusprechen? (Als Schulleitung sehen Sie sich zum Beispiel dafür verantwortlich, dass eine bestimmte Kleiderordnung eingehalten wird.) Was wäre gewonnen, wenn der Kollege sein Verhalten ändern würde? Worum geht es mir wirklich?

Wenn Sie in persönlich gutem Kontakt zu einander stehen, ergibt sich sicher einmal der Zeitpunkt, einen kurzen Hinweis zu platzieren, ohne das Thema lang auszubreiten. Wenn Sie aber nicht kollegial befreundet sind, überprüfen Sie, ob es lediglich um Nuancen geht, die – wie unsere Wahrnehmung auch – möglicherweise von Mensch zu Mensch unterschiedlich sind, oder ob es sich um ein wirklich unangemessenes Verhalten handelt, mit dem Sie Ihr Gegenüber ehrlich konfrontieren möchten.

Wenn Sie sich entschlossen haben, das Thema anzusprechen, achten Sie (auf) die Reaktion des Gegenübers und nehmen Sie Stopp-Signale wie Anzeichen von Beschämung und Schwäche ernst. Insistieren Sie dann nicht weiter und bringen Sie den anderen nicht in die Situation, seinen Selbstwert mit aller Wucht verteidigen zu müssen. Strahlen Sie aus, dass Sie Ihren Gesprächspartner schätzen und machen Sie deutlich, warum Sie ihm das Feedback geben.

Anregend kann dazu ein Zitat von Ruth Cohn sein, die die persönlichen Angelegenheiten von der gemeinsamen Weltverantwortung unterscheidet:

»Ich kümmere mich um meine Angelegenheit, ich bin ich.
Du kümmerst dich um deine, du bist du.
Die Welt ist unsere Aufgabe;
Sie entspricht nicht unseren Erwartungen.
Doch wenn wir uns um sie kümmern, wird sie sehr schön sein;
Wenn nicht, wird sie nicht sein.«

(Cohn, 1975, S. 101)

Das Wichtigste in Kürze

- Feedback ist keine Bewertung, sondern eine erwünschte Rückmeldung zur Wirkung eines Verhaltens.
- Sowohl der Feedbacknehmer als auch der Feedbackgeber muss sich der eigenen Subjektivität bewusst sein.
- Trennen Sie zwischen Beschreibung und Interpretation. Bleiben Sie konkret und anlassbezogen.
- Sprechen Sie die interessierten Anteile im Gegenüber an; seien Sie aufmerksam und zurückhaltend, wenn Sie bemerken, dass Sie dem anderen zu nahe treten.

- Feedback ist der einzige Weg, die eigenen blinden Flecken zu sehen. Es ist wertvoll für die eigene Persönlichkeitsentwicklung.
- Feedback dient der Vergewisserung der Beziehung zwischen Menschen.
- Der Feedbacknehmer entscheidet darüber, was er aus dem Feedback nehmen und nutzen möchte. Wenn er diese Freiheit nicht hat, handelt es sich nicht um ein Feedback, sondern um eine Konfrontation oder ein Kritikgespräch.

3.5 »Ich habe mich so über einen Kollegen geärgert!« – Jemandem etwas zu Kritisierendes mitteilen

Zum Beispiel:

- Eine Kollegin oder ein Kollege hält sich nicht an gemeinsame Absprachen und Abläufe in der Schule wie Aufgabenteilung, gemeinsame Aufsichten oder abgesprochene Termine und bringt Sie dadurch in eine schwierige Situation.
- Ein Schüler oder eine Schülerin verstößt gegen die Regeln des gemeinsamen Miteinanders.
- Sie fühlen sich durch einen Kollegen, eine Kollegin persönlich angegriffen oder beleidigt.
- Einige Eltern der Kinder Ihrer Klasse haben sich in einem Chat abfällig über Sie geäußert.

Vorbemerkungen:

Die Anlässe, in denen ein Kritikgespräch notwendig wird, lassen sich grob in zwei Richtungen umreißen: Zum einen sind solche Gespräche in manchen Situationen Teil Ihrer beruflichen Rolle und Aufgabe. Als Schulleitung oder Lehrperson müssen Sie insbesondere auch dann Kritikgespräche führen, wenn sich ein Schüler oder ein Kollege nicht an die gemeinsamen festgelegten Regeln hält und der geteilten pädagogischen Verantwortung nicht gerecht wird. Je nachdem, wie sich das Verhalten des Gegenübers auf Ihren eigenen Tätigkeitsbereich auswirkt, werden Sie dabei mehr oder weniger auch persönlich verärgert sein.

Zweitens kann es Situationen geben, in denen Sie sich als Person angegriffen, verletzt oder beleidigt fühlen. Es ist von Mensch zu Mensch unterschiedlich, wo unsere Empfindlichkeitsgrenze liegt und wie intensiv und lange uns Ärger zu schaffen macht. Mancher Ärger vergeht von selbst nach kurzer Zeit, anderer ist langlebiger. Ist das der Fall und Sie spüren, dass der Ärger spürbar nachhaltig zwischen Ihnen und der anderen Person steht, ist es gut, zeitnah ein Kritikgespräch zu führen. Die kollegiale Zusammenarbeit zwischen Ihnen und Ihrem Gegenüber ist beeinträchtigt, solange Sie vorrangig oder latent noch mit Ihrem Ärger beschäftigt sind. Aus der Transaktionsanalyse stammt dazu das Bild des inneren Rabattmarkenhefts, in das für jeden ungeklärten Ärger eine Marke geklebt wird (Gührs/Nowak 1991). Ist das Heftchen irgendwann voll, wird es eingelöst und der angesammelte Ärger bricht möglicherweise eruptiv aus. Situationen, in denen man sich wundert, dass jemand wegen einer Kleinigkeit gehörig in die Luft geht und von außen betrachtet völlig situationsunangemessen reagiert, sind oft solche Ärger-Rabattmarkenheft-Einlösungen.

Es spricht also im Sinne der Sache, der Kooperation und der eigenen Psychohygiene manches dafür, zum angemessenen Zeitpunkt ein konstruktives Kritikgespräch zu führen, auch dann, wenn uns bewusst sein muss, dass die Taktik des Wasch-mich-aber-mach-mich-nicht-Nass je nach Persönlichkeiten und Anlass nicht funktioniert. Wirksame Gespräche sind nicht immer die, die im Sonntagsanzug geführt werden (Schulz von Thun 1989). Voraussetzung dafür, dass im Gesprächspartner eine positive Entwicklung seines Verhaltens und des gemeinsamen Arbeitsverhältnisses angestoßen werden kann, sind ein grundsätzlich wertschätzender Kontakt, eine tragfähige Beziehung im Sinne einer inneren Haltung von »Ich bin okay, du bist okay« und wenn nötig auch eine gute Nachbereitung nach einem schwierigen Gespräch.

Theoretischer Hintergrund

Der im folgenden Kapitel dargestellte Gesprächsverlauf geht auf die Grundstruktur einer Ich-Botschaft zurück, wie sie von dem US-amerikanischen Psychologen Thomas Gordon Ende der 1960er Jahren entwickelt wurde: In einer Ich-Botschaft teilt der Sprecher durch möglichst neutrale, sachliche Aussagen seine Wahrnehmung einer Situation, seine Gefühle oder seinen Zustand mit oder beschreibt, welche Auswirkung eine Handlungsweise des Gegenübers auf ihn hatte oder haben könnte. Diese Grundidee findet sich in vielen weiteren Kommunikationsmodellen wieder, unter anderem im Modell der Gewaltfreien Kommunikation nach Marshall B. Rosenberg. Rosenberg postuliert, dass jeder Ärger auf ein unbefriedigtes Bedürfnis zurück zu führen sei. Anstatt Energie auf das Ärgern zu verschwenden, sei es besser, die Energie für die Erfüllung der unerfüllten Bedürfnisse zu verwenden. Rosenberg nennt das »Ärger vollständig ausdrücken« (Rosenberg 2001, S. 161).

In der Übertragung dieses Modells von familiären und therapeutischen Kommunikationssettings in den beruflichen, hier schulischen Kontext verstehen wir den Begriff des Bedürfnisses nicht nur individuell, sondern auch institutionell. So entspricht es sicherlich auch, aber nicht vorrangig dem persönlichen Bedürfnis eines Schulleiters, dass ein Lehrer sich an die Dienstvorschriften hält. Ein Kritikgespräch kann eine unangemessene Distanzlosigkeit und Moralisierung bekommen, wenn dieser Schulleiter seine eigene Enttäuschung oder Verärgerung zu sehr in den Mittelpunkt stellt. Vielmehr agiert er seiner Rolle gemäß, den Verstoß gegen die Interessen der Institution und die Gefährdung der Schülerinnen und Schüler klar zu benennen, unbenommen seiner eigenen Verärgerung als Führungskraft.

Die Grundstruktur eines Kritikgesprächs folgt in Anlehnung an diese Modelle dem Dreischritt

1. Wahrnehmung/Beschreibung der Situation
2. Bedeutungsgebung / eigene und oder institutionelle Wertung / Auswirkung
3. Zukunftsperspektive / Vereinbarungen

Der richtige Zeitpunkt für ein Kritikgespräch ist zeitnah, aber nicht aus dem ersten Affekt heraus, vor allem dann, wenn der Anlass für das Kritikgespräch stark emotional geprägt ist. Sammeln Sie sich zunächst und sortieren Sie Ihre Gedanken, aktivieren Sie Ihren Erwachsenen-Ich-Zustand. Aus einer dynamischen Situation herauszutreten und sie reflektiert zu betrachten gelingt, vereinfacht gesprochen, erst, wenn nicht mehr das limbische System in Alarmbereitschaft ist, sondern unser Großhirn, der Cortex, das Denken wieder übernommen hat. In einer Akutsituation geht es zunächst einmal darum, überlebensfähig zu bleiben, wir re-agieren statt rational zu agieren. Der Organismus muss sich zunächst wieder herunterregeln können, bevor wir in der Lage sind, ein sachbezogenes und konstruktives Gespräch zu führen. Dazu braucht es mindestens eine kleine Pause mit einigen bewussten tiefen Atemzügen, besser einen Ortswechsel und körperliche Bewegung oder auch die Weisheit der Nacht, ein oder zweimal darüber geschlafen zu haben.

How to do

Nehmen Sie sich vor dem Gespräch Zeit, sich selbst zu regulieren, sich zu vergewissern, wie die konkrete Situation sich in Ihrer Wahrnehmung abgespielt hat, und sich innerlich auf das Gespräch vorzubereiten. Organisieren Sie dann den Rahmen für das Gespräch so, dass ein ungestörter Ort und ausreichend Zeit zur Verfügung stehen, das heißt nicht zwischen Tür und Angel, nicht auf dem Schulflur und nicht vor »Publikum« im Lehrerzimmer.

In der Regel sollten Kritikgespräche nicht über Dritte stattfinden, das heißt, dass Sie gut prüfen sollten, ob Sie wirklich der richtige Gesprächspartner sind. Wenn Eltern sich beim Klassenlehrer über einen Fachlehrer beschweren, sollte immer zunächst geprüft werden, ob sich das Problem nicht auf dem direkten Weg zwischen den Beteiligten geklärt werden kann (Zum Umgang mit Beschwerden siehe Kap. 3.6 »›Können Sie der Kollegin nicht mal sagen...?‹ – Umgang mit Beschwerden über andere«). Machen Sie sich klar, in welcher Rolle, mit welchem Auftrag und mit welcher eigenen inneren Beteiligung Sie dieses Gespräch führen möchten.

Folgende Fragen helfen zur Vorbereitung auf ein Kritikgespräch:

1. Welches konkrete Verhalten der Person möchten Sie ansprechen, was ist der konkrete Anlass für das Gespräch? Wie haben Sie die Situation genau wahrgenommen? Welche Informationen haben Sie und was entspringt möglicherweise Ihrer eigenen Interpretation und Deutung des Geschehenen?
2. Wie lautet Ihre Deutung der Situation? Ist der Anlass eher individuell oder eher institutionell? Warum genau ärgert oder verletzt Sie das Geschehene? Gegen welchen Wert, welche Verantwortung verstößt Ihrer Meinung nach das Verhalten? Welche Folgewirkungen ergeben sich für Sie aus der Situation?
3. Welches Verhalten wünschen Sie sich in Zukunft? Welche Wünsche oder Forderungen haben Sie? Was ist verhandelbar, was nicht? Welche Konsequenzen ergeben sich daraus? Wie soll die Zusammenarbeit zukünftig aussehen?

In der Vorbereitung und später in der Durchführung des Gesprächs sollten Sie auf einige Dinge besonders achten:

Trennen Sie Beschreibung und Bewertung. Möglicherweise klärt sich der Konflikt bereits in der Anfangsphase, wenn sich nämlich herausstellt, dass Ihnen wichtige Informationen fehlten oder die Situation ganz anders war, als sie sich für Sie dargestellt hat. Umgekehrt kann es sein, dass die gleiche Situation von Ihrem Gegenüber ganz anders gedeutet wurde und eine Lösung im gegenseitigen Wissen darum liegen kann.

Halten Sie das Ziel im Blick. Kritikgespräche dienen nicht dazu, einfach seinem Ärger mal Luft zu machen – was manchmal auch durchaus befreiend sein kann – sondern die weitere Zusammenarbeit zu gestalten. Vermeiden Sie möglichst, die vergangene Situation detailreich aufzudröseln, sondern richten Sie den Blick in die Zukunft und darauf, was nach dem Gespräch anders und besser sein sollte als zuvor.

Bevor Sie mit dem Gespräch beginnen, sollten Sie abklären, ob Ihr Gegenüber überhaupt bereit dazu ist. Wenn Sie vorab einen Termin vereinbaren, benennen Sie bei der Absprache kurz das Thema (»Ich möchte gerne mit Ihnen über die letzte Konferenz sprechen.«), damit auch Ihr Gesprächspartner sich darauf einstellen und gedanklich vorbereiten kann. Lassen Sie sich aber nicht verleiten, sich bei dieser Gelegenheit bereits in eine Diskussion verwickeln zu lassen. Betonen Sie vielmehr, dass es Ihnen ein Anliegen ist, die Angelegenheit in Ruhe zu besprechen. Dass Sie sich dafür extra Zeit nehmen, unterstreicht, wie wichtig Ihnen eine gute Klärung ist.

Das Gespräch selbst folgt den beschriebenen gedanklichen Schritten der Vorbereitung (zusammengestellt und erweitert nach Gührs/Nowak 2002; Palzkill/Müller/Schulte 2015):

1. Eröffnen Sie das Gespräch wertschätzend. Selbst wenn Sie sich sehr über die andere Person geärgert haben, können Sie doch zum Ausdruck bringen, dass Sie froh sind, die Situation nun besprechen zu können. Bleiben Sie dabei selektiv authentisch.
2. Beschreiben Sie, wie Sie die Situation wahrgenommen haben. Tun Sie dies so sachlich wie möglich. Vermeiden Sie an dieser Stelle Bewertungen und Deutungen.
3. Je nach Situation ist es gut, den Gesprächspartner an dieser Stelle schon zu bitten, seine Wahrnehmung zu ergänzen. Möglicherweise gibt es Informationen, die Ihre Einschätzung bereits verändern. Wenn das vermutlich nicht der Fall ist oder Sie ein Gegenüber haben, das dazu neigt, die Gesprächsführung schnell an sich zu reißen, schließen Sie zunächst den folgenden Schritt an.
4. Nennen Sie die Wirkung des Verhaltens auf Sie, Ihre Deutung und Bewertung der Angelegenheit. Machen Sie deutlich, warum es Ihnen ein Anliegen ist, das Gespräch zu führen. Legen Sie Ihren Standpunkt offen und seien Sie rollenklar (»Als Kolleg/in deiner Fachgruppe befürchte ich…« / »Als Schulleiter/in habe ich die Verantwortung…«).
   Wenn Sie emotional angegriffen sind, benennen Sie nun auch Ihre Gefühle. Schützen Sie sich aber davor, sich von ihnen überwältigen zu lassen, indem Sie sie möglichst nicht wiedererleben, sondern sie wie aus einer Beobachterperspektive beschreiben (»Als du das gesagt hast, hat es sich für mich wie ein Schlag in die Magengrube angefühlt und ich will dir sagen, dass ich wirklich sauer bin.«). Das ist für Sie erleichternd und macht für Ihr Gegenüber die Relevanz Ihres Anliegens deutlicher, als wenn Sie permanente Contenance vorspielen.
5. Hören Sie nun Ihr Gegenüber und sprechen Sie über Ihre unterschiedlichen Sichtweisen. Gestehen Sie sich Ihre unterschiedlichen Wahrnehmungen und Empfindungen zu und akzeptieren Sie diese; vermeiden Sie den Versuch, sie sich gegenseitig auszureden (»Du solltest dich darüber nicht so aufregen.«). Möglicherweise ist Ihr Gegenüber überrascht von der Wirkung seines Verhaltens, die so nicht intendiert war.
   In dieser Phase des Gesprächs geht es nicht zwingend darum, Konsens herzustellen. Auch verstehender Dissens kann ein Ergebnis sein: Jetzt kann ich nachvollziehen, warum du das so und so getan hast; es entspricht mir nicht, aber ich kann besser damit umgehen, weil ich es verstanden habe.
   Prüfen Sie, ob es Werte gibt, auf die Sie sich gemeinsam beziehen können, balancieren Sie Einzelfall und Regel aus. Denken Sie an Ihre gemeinsame Aufgabe, die im schulischen Kontext letztlich immer darin besteht, dass die Schülerinnen und Schüler umso besser lernen und sich entwickeln können, je besser die Erwachsenen es schaffen, konstruktiv miteinander zu arbeiten.

6. Richten Sie Ihren Blick in die Zukunft und sprechen Sie darüber, welche Folgen und Konsequenzen sich aus dem Gespräch ergeben. Vereinbaren Sie so konkret wie irgend möglich, wie Sie in Zukunft mit ähnlichen Situationen umgehen wollen. Wenn die Vereinbarung eine nachhaltige Chance auf Umsetzung haben soll, muss sie für beide Seiten akzeptabel und umsetzbar sein. Nur eine Lösung, der beide zustimmen, hat eine Chance, dass sie dauerhaft tragfähig ist.
   Wenn Sie zu diesem Zeitpunkt keine Lösung finden, vertagen Sie sich entweder auf einen neuen Termin oder überlegen Sie, wer behilflich sein kann. Vielleicht braucht es einen Mediator, vielleicht muss die Fragestellung auch auf die nächste Hierarchieebene zur Entscheidung gegeben werden, wenn sich zum Beispiel auf der kollegialen Ebene keine Lösung finden lässt. Ein solcher Vorschlag meint weder Drohen noch Petzen – beides sollten Sie unbedingt vermeiden – sondern entspricht dem Sinn von Leitung und Hierarchie: Wenn sich die Mannschaften nicht einigen können, muss ein Schiedsrichter entscheiden, sonst geht das Spiel nicht weiter.
7. Schauen Sie am Schluss auf das Gespräch zurück und fassen Sie die Vereinbarungen noch einmal klar zusammen. Besprechen Sie auch, ob es ein Anschlussgespräch geben soll und was passiert, wenn die gefundene Lösung nicht funktioniert. Bitten Sie Ihr Gegenüber, sich ebenfalls zu diesen Aspekten zu äußern.
   Sie können auch eine Rückmeldung dazu geben, wo Sie gedanklich und emotional jetzt stehen: Was ist geklärt, was ist noch offen? In welchen Punkten gibt es Erleichterung, wozu bleibt noch ein Rest? Es handelt sich in dieser Phase um einen letzten Abgleich der Wahrnehmungen und den Versuch, sicher zu stellen, dass Sie sich in den wesentlichen Punkten verstanden haben.
   In bestimmten Konstellationen ist es darüber hinaus auch sinnvoll zu vereinbaren, wie gegenüber anderen Personen, Kollegen oder der Elternschaft mit dem Inhalt des Gesprächs umgegangen werden soll. Ist etwas nach außen zu kommunizieren? Was sollte vertraulich bleiben? Wenig ist destruktiver, als einem eigentlich gelungenen konstruktiven Gespräch anschließend im Lehrerzimmer oder in der Elternschaft in Form von Lästereien oder anekdotenhaftem Tratsch wieder zu begegnen.

Formulierungshilfen

Die eigene Wahrnehmung nennen:

- Ich nehme war / Mir ist aufgefallen / Ich habe festgestellt, dass / In der Situation am Montag ist ... geschehen / Der Anlass für unser Gespräch ist, dass ...

Die Wirkung / Folgen nennen:

- Ich sehe die Gefahr / Unsere Arbeitsbeziehung wird dadurch / Das hat zur Folge, dass …

Die persönliche Reaktion nennen:

- Ich fühle mich dabei / Das löst in mir aus / Mir geht es damit …
- In meiner Rolle als … sehe ich das so / Aus meiner Sicht wird damit gegen … verstoßen

Das eigene Anliegen nennen:

- Daher bitte ich Sie … / Ich erwarte von Ihnen, dass …/ Meine Forderung an Sie ist
  - oder als Frage: Meine Frage ist / Ich möchte gerne von Ihnen erfahren / Ich stelle mir die Frage …
  - oder als bereits getroffene Entscheidung: Deshalb habe ich beschlossen / aus diesem Grund werde ich …

  (Gührs/Nowak 2002, S. 240 f.)

Tipps gegen Tücken

Machen Sie sich bewusst, dass Veränderungen Zeit kosten. Unsere Verhaltensweisen sind in der Regel über viele Lebensjahre ausgeprägt und relativ stabil. Besonders wenn der Anlass zur Kritik nicht eine Einzelfallsituation, sondern ein immer wiederkehrendes Verhalten ist, braucht es Geduld – auch auf der Seite desjenigen, der guten Willens ist, sich zu ändern. Der notorisch unordentliche Kollege wird nicht zum Marie-Kondo-Anhänger, nur weil er in einem Gespräch erfahren hat, wie sehr Sie seine Unordnung in Ihrer Arbeit beeinträchtigt. Jemand, der stets einen stichelnd-ironischen Umgangston pflegt und dadurch die Grenze zur Beleidigung manches Mal überschreitet, wird sich nicht durch ein Gespräch radikal in seiner Art ändern. Was erreicht werden kann, ist keine Änderung des Charakters eines Menschen, aber es kann in ihm ein Bewusstsein für die Wirkung und die Grenzen des eigenen Verhaltes entstehen, das dazu beiträgt, dass er in konkreten Situationen anders agiert. Maßen Sie sich also nicht an, jemanden gegen seinen Willen ändern zu wollen (das wird zum Glück ein sicherer Misserfolg), sondern handeln Sie mit ihm oder ihr einen Weg aus, der für Sie beide im beruflichen Kontext gangbar ist – und stellen Sie sich zugleich darauf ein, dass auch Rückfälle in das alte Verhalten menschlich sind und es vielleicht mehrere Gespräche und Erinnerungen brauchen wird, bis Neues etabliert ist.

Verzichten Sie nicht darauf, sich auf ein schwieriges Gespräch vorzubereiten. Die Viertelstunde, in der Sie Ihre Gedanken sammeln, sortieren und vielleicht sogar notieren sowie sich emotional auf das Gespräch einstellen, erspart Ihnen hoffentlich viel Grübeln und Nachbereiten einer Situation, die durch die fehlende Vorbereitung entglitten ist.

Und wenn es doch einmal passiert, dass Sie die Emotionen überwältigen, unterbrechen Sie entweder das Gespräch oder vertagen Sie es auf einen späteren Zeitpunkt. Wenn Ihr Ärger mit Ihnen durchgegangen ist und Sie mehr gepoltert haben, als Sie das wollten, sollten Sie die Größe haben, zu einem Nachgespräch und einer konstruktiven Nachbereitung einzuladen. Denken Sie dann vielleicht an jemanden wie den bekannten Fußballtrainer Jürgen Klopp, der sich am Spielfeldrand aus Wut vergessen, genauso authentisch aber auch einlenken und zu seinen Ausbrüchen stehen kann. Das ist freilich kein Freifahrtschein. Achten Sie darauf, dass Sie meistens mit einem hoch aktiven Erwachsenen-Ich-Zustand unterwegs sind. Man kann aber auch lernen, mal zu schimpfen – wer wüsste das besser als Lehrerinnen und Lehrer.

Das Wichtigste in Kürze

- Bereiten Sie sich auf das Kritikgespräch vor und machen Sie sich das Ziel bewusst, mit dem Sie es führen.
- Trennen Sie zwischen Beschreibung und Ihrer Bewertung.
- Sprechen Sie über eine konkrete Situation oder Verhaltensweise.
- Bleiben Sie klar in Ihrer Haltung und Wahrnehmung und bleiben Sie offen für die Wahrnehmung und Haltung des anderen.
- In Kritikgesprächen sollte die Zukunftsperspektive dominant sein. Bleiben Sie nicht im Besprechen der Missstände der Vergangenheit hängen.
- Suchen Sie nach konstruktiven Lösungen und machen Sie auch deutlich, was für Sie (nicht) verhandelbar ist.
- Vermeiden Sie ein Spiel um Gewinnen und Verlieren; auch verstehender Dissens kann ein Ergebnis sein und eine Lösung ermöglichen.
- Vergewissern Sie sich gemeinsam mit Ihrem Gegenüber, wie es nach dem Gespräch weitergeht.

3.6 »In diesem Ton nicht!« – Vom Umgang mit Angreifern

Zum Beispiel

- Sie haben sich über einen Kollegen geärgert und versuchen, in einem Gespräch eine konstruktive Klärung herbeizuführen. Bereits nach den ersten Worten fällt Ihnen der Kollege ins Wort und greift Sie verbal mit Gegenvorwürfen an.
- Auf dem Elternsprechtag verschärft sich der Ton Ihres Gegenübers, auch Mimik und Gestik werden anklagend und bedrohlich.
- Zugegeben, die Zusammenarbeit mit der Kollegin ist in der letzten Zeit wirklich nicht gut gelaufen. Aber als Sie sie gestern darauf angesprochen hat, haben Sie sich dabei ertappt, wie Sie richtig wütend und laut geworden sind.

Vorbemerkungen

Die folgenden Hinweise zur Gesprächsführung beziehen sich vor allem auf Situationen, in denen Sie Ihr Gegenüber mit einer Kritik konfrontieren (müssen) und dieser mit einem Angriff reagiert. Ihr Gesprächspartner setzt sich also nicht sachlich-konstruktiv mit Ihnen auseinander, sondern fühlt sich durch die Kritik persönlich angegriffen, worauf er mit mehr oder weniger unsachlichen persönlichen Angriffen reagiert. Dieses Verhalten begegnet sowohl in einer lauten aggressiven Variante als auch in subtil ironisierenden Abwertungen, in denen zwar vordergründig aus einem Erwachsenen-Ich-Zustand gesprochen wird, im Ton und in den körpersprachlichen Signalen hingegen aus dem kritischen Eltern-Ich (siehe Kap. 2.2.1 »Die Transaktionsanalyse – Das Strukturmodell der Ich-Zustände«). Beiden Spielarten gemeinsam ist, dass Ihr Gegenüber versucht, die Kommunikation zu seinen Gunsten zu dominieren.

Auch unabhängig von einer konkreten Gesprächssituation kann ein Angreifer-Verhalten quasi als mitlaufender Unterton in Begegnungen zu beobachten sein. Gemeint sind Zeitgenossen, die mit einer aggressiv-abwehrenden oder -provozierenden Haltung durchs Leben gehen. Irgendwann in ihrer Biografie scheint in ihnen die Idee entstanden zu sein, dass es gut ist, die anderen klein zu machen, um so selbst größer zu wirken.

Wenn Sie bemerken, dass Ihr Gegenüber solch ein Angreiferverhalten zeigt, und sich darauf wie auf eine Kampfansage einlassen, ist das oft der Beginn in eine ansteigende verbale und emotionale Aufrüstung. Lassen Sie den Federhandschuh liegen und versuchen Sie eine andere Lösung der Situation.

Ein Auslöser für Angreifer-Verhalten könnte auch in sogenannten Übertragungsphänomenen liegen. Ihr Gegenüber fühlt sich durch Sie an eine andere Person oder eine frühere Situation in seinem Leben erinnert und reagiert nun unangemessen aufgrund eines inneren Irrtums. Eltern, die selbst eine schwierige Schulzeit hatten, sind der Schule und den Lehrpersonen gegenüber zunächst skeptischer und kritischer eingestellt, weil sie ihre eigenen früheren Erfahrungen übertragen. Jemand, der im Phänotyp, in der Sprechweise oder in anderen Merkmalen einer Person ähnelt, mit der Sie schlechte Erfahrungen gemacht haben, löst in Ihnen möglicherweise ein spontanes Unwohlsein aus, obwohl er ein ganz anderer Mensch ist. Solchen Phänomenen können wir uns nicht entziehen, wir können Sie uns nur bewusst machen, um uns von ihrer Dynamik distanzieren und sie so handhaben zu können.

Theoretischer Hintergrund

Virginia Satir (1916-1988), eine US-amerikanische Familientherapeutin, hat in Ihren Arbeiten mit Familien vier universelle kommunikative Muster entdeckt, die Menschen benutzen, um Zurückweisung zu vermeiden (Satir 1990, S.120 ff.). Sie spricht davon, dass eine inkongruente, nicht-stimmige und nicht-konstruktive Reaktion in Situationen, die Menschen als bedrohlich erleben, auf einen Mangel an Selbstwertgefühl zurück zu führen sei, was sie als sogenanntes low-pot-Empfinden bezeichnet (der »Topf« des Selbstwertgefühls ist nicht gut gefüllt).

Wer mit Kritik an seinem Verhalten konfrontiert oder auf eine Situation aufmerksam gemacht wird, in der sein Verhalten verfehlt war, ist bestenfalls mit einem gesunden Selbstwertgefühl ausgestattet in der Lage, sich konstruktiv mit der Kritik auseinander zu setzen, ohne sich in seinem eigenen Selbst bedroht und in Frage gestellt zu fühlen. Der Topf ist voll genug, um den eigenen Fehlern gegenüber milde und gelassen zu bleiben. Anders Menschen mit geringerem Selbstwertgefühl, die eine Kritik an ihrem Verhalten als Angriff auf ihre Person interpretieren und versuchen, sich zu schützen. Dazu gibt es verschiedene bewusst oder unbewusst eingesetzte Strategien, von denen eine ist, die eigene Stärke auf Kosten des anderen betonen. Aus den archaischen Grundmustern in Gefahrensituationen, fight or flight, agiert dieser Typ nach dem Motto »Angriff ist die beste Verteidigung«. Sichtbare Verhaltensweisen sind nach Satir ein lautes, tyrannisches Auftreten, eine dominante Körpersprache mit hoher Muskelspannung im Körper und eine harte, feste, laute Stimme.

Auch Friedemann Schulz von Thun nimmt Bezug auf Satir und spricht von einem aggressiv-entwertenden Kommunikationsstil (Schulz von Thun 1989, S. 116f.). Er geht ebenfalls von einer Inkongruenz des inneren Erlebens und des äußeren Verhaltens aus. Statt die Verunsicherung zu zeigen, werden Stärke, Dominanz und Unverletzlichkeit vorgespielt, aus Angst Fehler zu machen und Schwäche zu zeigen. Äußerlich signalisiert der Angreifer damit eine Haltung des »Ich bin okay, du bist nicht okay«, innerlich ist die Dynamik aber eher: »Ich bin nicht okay« (oder zumindest nicht so okay wie ich gerne wäre), also muss ich dich abwerten, damit ich zumindest okayer bin als du. Mit dem äußeren Hochstatus geht ein innerer Tiefstatus einher, und wie ein ängstliches Tier beginnt der Angreifer aus dieser Not heraus, verbal um sich zu schlagen und beißen.

Aus dem Konzept der Gewaltfreien Kommunikation lassen sich vier unterschiedliche Reaktionsmöglichkeiten ableiten, die man sich für den Umgang mit Angreifern zu Nutze machen kann: Sich selbst die Schuld zu geben oder anderen die zu Schuld geben, die eigenen Gefühle und Bedürfnisse wahrzunehmen und auszudrücken oder die Gefühle und Bedürfnisse des anderen wahrzunehmen und auszudrücken (Rosenberg 2010, S. 69 f.). Rosenberg präferiert die beiden letztgenannten Möglichkeiten für seine Idee einer lebendigen Kommunikation. Im Umgang mit Angreifern kann sich aber aus allen vier Reaktionsweisen je nach Person und Situation eine nützliche Intervention ergeben.

How to do

Vielleicht gab es im bisherigen Kontakt oder Ihren Formulierungen etwas, das eine Übertragung ausgelöst hat oder etwas, das Ihr Gegenüber tatsächlich im Hier und Jetzt getroffen und provoziert hat. Vielleicht neigt er auch aufgrund seiner Persönlichkeitsstruktur oder seines Selbstwertgefühls zu diesem Verhalten. Achten Sie daher bei Kritikgesprächen auf die Unterscheidung zwischen einer sachlichen Beschreibung und der Interpretation des Geschehens und machen Sie sich das Phänomen der unterschiedlichen Wahrnehmungen bewusst. Welche Gründe auch immer Ihr Gegenüber zu seinem Angreifer-Verhalten bewegen, in allen Fällen ist es gut, zunächst ein klares Stopp-Signal zu setzen. Treten Sie dabei innerlich aus der Situation heraus und nutzen Sie Ihren Erwachsenen-Ich-Zustand, indem Sie signalisieren, dass Sie das Gespräch so nicht weiterführen möchten. Nun haben Sie, mit Rückgriff auf Rosenberg, verschiedene Möglichkeiten:

- Sie übernehmen insofern bewusst einen Teil der Verantwortung für den Angriff des anderen, indem Sie betonen, dass Sie Ihr Gegenüber keinesfalls provozieren wollten, sondern es Ihnen offensichtlich leider nicht gelungen ist, sich stimmig auszudrücken. Bieten Sie an, es erneut zu versuchen. Tun Sie das keinesfalls belehrend von oben herab oder ironisierend, aber auch nicht devot oder kleinlaut. Machen Sie sich bewusst, dass Ihr Gegenüber Ihre Botschaft anders gehört haben wird, als Sie sie gemeint haben. Versuchen Sie dann aufrichtig, Ihr Anliegen noch einmal in einem konstruktiven Ton zu formulieren, ohne in der Sache ungewollte Abstriche zu machen. Bleiben Sie in der Haltung »Ich bin okay, du bist okay«.

- Sie geben Ihrem Gegenüber die Verantwortung und konfrontieren ihn, indem Sie sagen, dass Sie seinen Ton als nicht konstruktiv empfinden und so nicht weiter mit ihm sprechen möchten. Eine solche klare Grenzziehung, sicher, stabil und souverän vorgebracht, kann Ihnen Respekt verschaffen und dem Gegenüber signalisieren, dass Sie ein ebenbürtig starker Gesprächspartner sind. Achten Sie darauf, dass Sie im Erwachsenen-Ich bleiben, nicht ins kritische Eltern-Ich verfallen, ansonsten wird sich daraus ein Disput über den angemessenen Ton ergeben, was wenig zielführend auf einem Nebenschauplatz vom Thema weglenkt.
- Sie spiegeln Ihrem Gegenüber, wie seine Reaktion bei Ihnen ankommt, etwa dass Sie sich angegriffen fühlen oder er bedrohlich wirkt. Es kann sein, dass diese Resonanz Wirkung zeigt und den emotionalen Dampf ein wenig herausnimmt. Achten Sie aber darauf, dass Sie sich dabei nicht klein machen und dem anderen Macht geben, sondern ihm selbstbewusst seine Wirkung spiegeln. Bleiben Sie körperlich aufrecht und sprechen Sie mit fester Stimme. Nutzen Sie Ihren Erwachsenen-Ich-Zustand, nicht den des angepassten Kindes.
- Sie benennen Ihre Wahrnehmung, dass Ihr Gegenüber sich offensichtlich persönlich angegriffen fühlt, und fragen nach, wodurch dieses Gefühl in ihm auslöst wird. Sie geben ihm gleichzeitig Sicherheit, indem Sie authentisch zum Ausdruck bringen, dass Sie ihn aus einer »Du bist okay«-Haltung heraus schätzen. Bleiben Sie auch hier im Wesentlichen im Erwachsenen-Ich. Wenn Sie zu stark Ihr fürsorgliches Eltern-Ich nutzen und unangemessen psychologisierend wirken, können Sie den Widerstand und die Aggression dadurch noch vergrößern.

Welche Möglichkeit Sie auch wählen, achten Sie darauf, dass Sie sich emotional nicht verstricken lassen und nicht selbst zunehmend aggressiv oder wütend werden. Bleiben Sie innerlich frei und gelassen, indem Sie sich vor Augen halten, dass Sie unterschiedliche Möglichkeiten haben zu reagieren. Wenn eine davon nicht funktioniert, wählen Sie eine andere.

Als letzte Möglichkeit besteht immer noch die Option, das Gespräch abzubrechen und gegebenenfalls zu einem anderen Zeitpunkt weiter zu führen. Wenn Sie sich dafür entscheiden, kommunizieren Sie auch das aus Ihrem Erwachsenen-Ich heraus und verfallen Sie weder in das rebellische Kind-Ich oder das kritische Eltern-Ich, in dem Sie türeknallend den Raum verlassen, noch in das angepasste Kind-Ich, indem Sie klein beigeben und sich nicht trauen, den Gesprächsfaden später wieder aufzunehmen. Machen Sie sich bewusst, dass es in bestimmten Situationen sehr vernünftig ist, sich erst einmal Zeit zu nehmen, wenn sich eine verfahrene Situation absehbar im Moment nicht auflösen lässt.

Formulierungshilfen

- Stopp! An Ihrer Reaktion merke ich, dass es mir leider wohl nicht gelungen ist, mich richtig auszudrücken. Ich wollte Sie nicht als Person angreifen, sondern mit Ihnen über die konkrete Situation sprechen und darüber, wie wir in Zukunft damit umgehen wollen. Ich bedauere, wenn ich das nicht richtig formuliert habe. Ich würde gerne nochmal sagen, um was es mir eigentlich geht.
- Augenblick. Unser Gespräch wird lauter und verläuft meiner Einschätzung nach nicht mehr im Sinne einer konstruktiven Lösung. Die Art und Weise, wie Sie die letzten Sätze gesagt haben, wirkt auf mich wie ein Angriff. Ich möchte Ihnen sagen, dass ich Sie mit dem, was ich gesagt habe, nicht als Person angreifen wollte, sondern dass es mir um die Klärung einer ganz bestimmten Situation geht.
- Halt! Was Sie sagen und wie Sie es sagen, kommt bei mir wie ein Angriff an und wirkt auf mich bedrohlich. In diesem Ton möchte ich unser Gespräch nicht weiterführen. Ich möchte unser Gespräch nicht als Angriff, Verteidigung und Gegenangriff führen, sondern mit Ihnen gemeinsam eine konstruktive Lösung in der Sache herbeiführen. Dazu will ich mich um einen respektvollen Ton bemühen und bitte Sie um das Gleiche.
- Moment. Ich muss erstmal durchatmen. [Pause.] Ich wollte mit Ihnen über den Sachverhalt reden und merke, dass unser Gespräch gerade eine andere Wendung nimmt, die nicht in meiner Absicht lag. Mein Bedürfnis ist, dass wir zu einer Lösung kommen, aber dazu braucht es für mich eine ruhige und sachbezogene Gesprächsatmosphäre. Was denken Sie, bekommen wir das hin?
- Ich merke, dass Ihre Emotionen ordentlich hochgehen. Auch mir ist die Sache wichtig. Ich möchte gerne verstehen, was an dem, was ich gesagt sage, Sie so aufbringt, denn mir liegt daran, dass wir hier gut miteinander sprechen können.
- Ich habe den Eindruck, dass wir hier und jetzt in der Sache nicht zu einem guten Ergebnis kommen. Ich möchte das Gespräch an dieser Stelle abbrechen und möchte Ihnen gerne anbieten, dass wir uns in der nächsten Woche (gegebenenfalls im Beisein einer dritten Person) noch einmal neu zusammensetzen.

Tipps gegen Tücken

In Situationen, in denen sich Angreifer-Verhalten zeigt, ist die besondere Herausforderung stets, die Balance zwischen einer Thematisierung des Gesprächsverhaltens und der Gesprächsatmosphäre auf der Metaebene einerseits und der Zielbezogenheit auf der Inhaltsebene andererseits zu halten. Bei kleineren Angriffen ist es meist zielführender, sie geflissentlich zu überhören als sich durch sie irritieren zu lassen. Bei hartnäckig aggressivem Angreifer-Verhalten sollten Sie aber Einhalt gebieten und das Gegenüber gegebenenfalls mit seiner Wirkung konfrontieren. Auch für den Angegriffenen kann das eine Erleichterung sein, um sich aus seinem Gefühl der Hilflosigkeit und Verteidigung zu befreien.

Vermeiden Sie, sich auf der Metaebene zu verstricken oder auf eine Ebene der gegenseitigen psychologisierenden Unterstellungen zu geraten. Wenn das Stopp-Signal gesetzt ist, müssen Sie das nicht ausdiskutieren, sondern kommen Sie dann selbst ruhig und sachbezogen wieder zum eigentlichen Thema zurück. Seien Sie ein Vorbild in der konstruktiven Gesprächsführung und laden Sie Ihren Gesprächspartner dadurch ein, es Ihnen gleich zu tun.

Das Gegenteil von Macht ist nicht Schwäche, sondern Stärke. Lassen Sie sich nicht auf Machtspiele ein, sondern zeigen Sie Stärke durch Souveränität. Indem Sie sachbezogen, rollenklar, emotional reguliert und konstruktiv bleiben, können Sie die Kommunikation deutlich lösungsorientierter gestalten, als wenn Sie sich wie zwei Kampfhähne einander gegenüber aufbauen, bis einer von beiden am Boden liegt.

Das Wichtigste in Kürze

- Bewahren Sie Ruhe, atmen Sie durch.
- Treten Sie innerlich aus der Situation heraus und aktivieren Sie Ihr Erwachsenen-Ich.
- Lehnen Sie die Einladung, in einen Machtkampf zu gehen, ab.
- Thematisieren Sie die Gesprächsatmosphäre, aber lassen Sie sich nicht von Ihrem eigenen Thema ablenken.
- Machen Sie sich bewusst, dass die Reaktion Ihres Gegenübers vermutlich zu einem großen Teil auch in seiner eigenen inneren Unsicherheit oder in einer Übertragung begründet liegt (sofern Sie ihn nicht selbst mit Ihrer Kritik unsachlich angegriffen haben).
- Achten Sie auf Ihre eigene Haltung: Ich bin okay, du bist okay.
- Lassen Sie sich durch die Angriffe und Vorwürfe möglichst nicht provozieren. Bleiben Sie ziel- und lösungsorientiert.

3.7 »Der andere tut einfach nicht, was ich sage!« – Mit gutem Grund

Zum Beispiel

- Sie haben mit einer Schülerin oder einem Schüler bereits wiederholt Kritikgespräche zum immer gleichen Thema geführt. Es ändert sich aber nichts an ihrem oder seinem Verhalten. Erzieherische Maßnahmen sind bereits auf den Weg gebracht. Sie ahnen, dass ein weiteres Gespräch derselben Art keine Veränderung mit sich bringen wird, und möchten etwas anderes versuchen.
- Als Fachschaftsvorsitzender oder Schulleitung haben Sie bereits mehrfach Gespräche mit einem Lehrer über sein unkollegiales Verhalten geführt. Dienstrechtlich sind kaum Schritte möglich. Sie suchen nach einem anderen Weg.

Vorbemerkungen

Die im Folgenden beschriebene Art von klärenden Gesprächen ersetzt kein Kritikgespräch, denn die Ausrichtung und Intention der beiden Gesprächstypen unterscheiden sich voneinander. Ein Kritikgespräch zielt auf eine Handlungsänderung des Kritisierten ab, während ein Klärungsgespräch versucht, die Motive des Gegenübers zu verstehen – woraus sich durchaus ein von ihm selbst entwickelter Impuls zur Handlungsänderung ergeben kann, aber nicht muss. Klärungsgespräche stellen Kritikgespräche nicht infrage, es geht nicht darum, die getroffenen Ankündigungen, Vereinbarungen oder Sanktionen neu zu verhandeln.

Elemente und die explorierende Grundhaltung dieses Gesprächstyps lassen sich aber sehr gut auch in andere Gespräche, etwa in Beratungssituationen oder auch in die Klärungsphase von Kritikgesprächen integrieren.

Theoretischer Hintergrund

Aus systemischer Sicht erhält ein bestimmtes Verhalten seine Bedeutung erst aus dem Kontext heraus, in den es eingebunden ist. Betrachtet man die Verhaltensweise isoliert und lässt den Zusammenhang außer Acht, erscheint manches unverständlich und merkwürdig. Morgens früh aufzustehen, obwohl man noch müde ist, wird nur dann sinnvoll und verständlich, wenn man den Kontext hinzuzieht und versteht, dass der Grund für das frühe Aufstehen darin besteht, pünktlich zur Arbeit, zur Schule oder zum Flughafen zu kommen. Immer wieder die gleiche

Tonfolge oder den gleichen Bewegungsablauf zu wiederholen, ist ein seltsames Verhalten, allerdings nur, wenn man nicht weiß, dass jemand gerade sein Instrument oder seine Sportart trainiert. Unsere Prämisse muss daher lauten, dass sich niemand bewusst un-sinnig verhält, sondern dass Menschen immer genau das tun, was sie in der gegebenen Situation für das Vernünftigste und das Angebrachteste halten, manchmal auch schlicht aus Mangel an Alternativen. Das gilt zum Beispiel auch für so bezeichnete Verhaltensauffälligkeiten von Schülerinnen und Schülern. »In dem Moment, in dem es gelingt, die Funktionalität einer Verhaltensauffälligkeit im Kontext zu erkennen, ist es auch keine Auffälligkeit mehr, sondern oft sogar eine Selbstverständlichkeit oder zumindest ein Verhalten mit hoher Plausibilität.« (Palmowski 2007, S. 133)

Handlungsleitend sind dabei stets unsere Grundbedürfnisse, nach deren Erfüllung jeder psychisch gesunde Mensch strebt (Grawe 2000):

- Das Bedürfnis nach *Bindung*: Menschen sind soziale Wesen. Als solche sind sie interessiert an ihren Mitmenschen und suchen den Kontakt zu Bezugspersonen in der Familie, Partnerschaft, Freundschaft und sozialen Gefügen wie einer Schulklasse oder einem Kollegium.
- Das Bedürfnis nach *Orientierung und Kontrolle*: Unsicherheit und Undurchschaubarkeit von Situationen oder im Kontakt mit anderen Menschen sind für uns unangenehm und schwer auszuhalten. Wir verstehen gerne, was um uns herum und mit uns geschieht, und wollen Einfluss darauf nehmen. Unser Kontrollbedürfnis wird befriedigt durch Wahlfreiheit, Entscheidungsmöglichkeiten und einen großen Handlungsspielraum.
- Das Bedürfnis nach *Selbstwerterhöhung und Selbstwertschutz*: Wir möchten uns selbst als gut, kompetent, wertvoll und von anderen geliebt fühlen und uns in einer unterstützenden, wertschätzenden Umgebung aufhalten.
- Das Bedürfnis nach *Lustgewinn und Unlustvermeidung*: Das Bestreben, erfreuliche, lustvolle Erfahrungen zu machen und unangenehme, schmerzhafte Erfahrungen zu vermeiden.

Wenn jemand also ein Verhalten zeigt, das von außen betrachtet unverständlich und nicht nachvollziehbar erscheint, ist es lohnenswert zu fragen, welches Grundbedürfnis er damit zu befriedigen versucht.

Macht zum Beispiel ein Schüler seine Hausaufgaben nicht, kann das mehrere Gründe haben: Es kann sein, dass sein Motiv die Unlustvermeidung ist, das heißt, er spielt lieber mit seinen Freunden statt sich anzustrengen. Es kann auch sein, dass er es aus Gründen des Selbstwertschutzes tut, nämlich dann zum Beispiel, wenn er ahnt, dass er die Aufgaben nicht erfolgreich wird bewältigen können. Der Selbstwert würde stärker durch das Eingeständnis, nicht klug genug zu sein, beeinträchtigt, als durch Faulheit. Das Bedürfnis nach Orientierung und Kontrolle kann ihn in den Widerstand bringen, etwas tun zu müssen, das er sich nicht selbst ausgesucht hat und dessen Sinn ihm nicht einleuchtet. Sein Kontrollbedürfnis befriedigt er damit, dass er selbst und nicht der Lehrer, die Schule oder die Eltern entscheiden, was er tut. Und letztlich kann auch das Bindungsbedürfnis ein Faktor sein, denn ist der Schüler z. B. Mitglied einer Clique, in der fleißige Schüler als Streber verpönt sind, oder kommt er aus einer bildungsfernen Familie, in der er mit einem höheren Schulabschluss ein Sonderling wäre, kann diese Loyalität für ihn handlungsleitend sein.

Von außen betrachtet mag es ein Ärgernis sein, dass der Schüler seine Hausaufgaben nicht macht, und ihm viele Chancen verstellen – aus seiner Innensicht ist sein Verhalten aber vermutlich äußerst sinnvoll. Die Situation kann sich nur dann lösen, wenn nicht ausschließlich der Druck auf den Schüler erhöht wird, von Eltern und Lehrern also immer mehr desselben getan wird, sondern wenn sie ein Verständnis für die verhaltensleitenden Motive des Kindes entwickeln. Ziel von Interventionen sollte dann sein, zu überlegen, wie die Erfüllung der Grundbedürfnisse erreicht werden kann, *obwohl* der Schüler seine Hausaufgaben macht, oder aber wie die Grundbedürfnisse modifiziert werden können, damit das möglich wird (zum Beispiel den kurzfristigen Lustgewinn aufzuschieben und die temporäre Unlust in zu Kauf nehmen um den langfristigen Lustgewinn und die Selbstwertstärkung durch einen schulischen Erfolg zu erlangen).

In Beratungskontexten spricht man von einem sogenannten heimlichen Gewinn, der nicht nur anderen, sondern auch dem Akteur selbst nicht immer bewusst ist. Ein anderes Beispiel: Kolleginnen und Kollegen, die sich schulischen Neuerungen oder bestimmten Tätigkeiten verweigern, tun das oft nicht in böser Absicht und um für sich selbst einen Gewinn davon zu tragen, sondern leiden oft ebenfalls unter der Situation und den damit einhergehenden Konflikten oder dem Gefühl von Überforderung. Letztlich bevorzugen manche aber lieber das Leiden, statt sich auf den mühsamen, verunsichernden oder anspruchsvollen Weg einer Veränderung zu machen. Etwas nicht zu wollen ist für manche angenehmer als etwas nicht zu können und die Herausforderungen, Ansprüche und Verunsicherung, die die Veränderung mit sich bringen würde, könnten ihr eigenes Selbstkonzept in Frage stellen. Etwas nicht zu wollen ist für manche angenehmer als etwas nicht zu können.

Um sich auf den Weg einer Veränderung zu machen, braucht es Motivation, idealerweise in der Verbindung von intrinsischer und extrinsischer Motivation: die Begeisterung für eine bestimmte Sache oder ein Thema, die wir als interessant und sinnstiftend erleben, und /oder eine Begeisterung für Menschen, mit denen oder für die wir gerne arbeiten. So ist für Schülerinnen und Schüler oft der Lieblingslehrer oder die Lieblingslehrerin ein entscheidender Motivationsfaktor, der die Freude am Fach prägen kann. Dazu braucht es eine tragfähige Selbstwirksamkeitserwartung (»Ich schaffe das!«) sowie entsprechende innere (Talent, Intelligenz, Konzentrationsfähigkeit usw.) und äußere (Zeit, Material, Unterstützung usw.) Ressourcen.

How to do

Bevor Sie ein klärendes Gespräch führen, sollten Sie zunächst in Ihrer inneren Haltung prüfen, ob Sie Distanz zum Geschehen gewinnen konnten und kein persönlicher Ärger die Situation maßgeblich hindert. Leitend sollte ihr exploratives Interesse, eine wertschätzende Form der Neugier auf Ihr Gegenüber sein. Zur Stärkung der »Ich bin okay, du bist okay-Haltung« vergegenwärtigen Sie sich, ob es im Zusammenhang oder unabhängig von dem zu besprechenden Thema etwas gibt, das Sie an Ihrem Gesprächspartner schätzen. Wenn das in der Gegenwart schwer ist, gehen Sie gedanklich zurück in die Vergangenheit und stellen sich vor, was für ein Mensch er war, bevor es zu dem einschränkenden Verhalten gekommen ist. Halten Sie sich vor Augen, dass es Lebensumstände gegeben haben wird, die ihn zu dem gemacht haben, der er heute ist.

1. Zum Beginn des Gesprächs klären Sie, dass es sich nicht um ein (weiteres) Kritikgespräch handelt. Bieten Sie Ihrem Gesprächspartner an, das Gespräch jederzeit abbrechen zu können. Nur aus einer Freiwilligkeit kann die Bereitschaft entstehen, über die eigenen leitenden Handlungsmotive nachzudenken und zu sprechen.
2. Benennen Sie auch Ihr eigenes Interesse, Anliegen und Ziel des Gesprächs und verleihen Sie dabei gegebenenfalls auch der eigenen Sorge Ausdruck, wie sich die Situation weiter entwickeln wird, wenn sich nichts ändert. Beschreiben Sie anschließend, ähnlich wie im Kritikgespräch, das zu klärende Verhalten möglichst ohne Bewertung, machen Sie aber auch deutlich, dass es nicht darum geht, die Ergebnisse vorangegangener Kritikgespräche in Frage zu stellen und neu zu diskutieren.
3. Stellen Sie das zu klärende Verhalten in einen anderen, neuen Kontext, indem Sie eine positive, wertzuschätzende Absicht erfragen, anbieten oder gar unterstellen, je nachdem wie selbstreflektiert ihr Gegenüber ist. Eine positive Unterstellung, die auf eines oder mehrere der Grundbedürfnisse, die jeder gesunde Mensch hat, Bezug nimmt, richtet keinen Schaden an, sofern sie als Hypothese genutzt wird. (»Ich habe den Eindruck, dass es dir wichtig ist, von deinen Freunden anerkannt zu sein, was ich gut nachvollziehen kann.« »Ich kann gut verstehen, wenn es Ihnen wichtig ist, die Dinge beeinflussen zu können und nicht fraglos geschehen zu lassen.«) Wenn Sie damit ganz falsch liegen, wird ihr Gegenüber Ihnen ziemlich sicher widersprechen und Ihnen eine andere Erklärung anbieten.

   Eine positive Absicht hinter dem Verhalten können Sie auch insofern pauschal unterstellen, wenn Sie anerkennen, welchen hohen Preis Ihr Gegenüber zu zahlen bereit ist, wenn er unangenehme Gespräche oder Strafen in Kauf nimmt und trotzdem daran festhält. Der Film »Die fabelhafte Welt der Amelie« endet mit der Einblendung: »Das Recht auf ein gescheitertes Leben ist unantastbar«.

Bleiben Sie in einer Haltung der Wertschätzung und des Respektes im Bewusstsein darüber, dass Ihr Gesprächspartner der beste Fachmann seiner eigenen Situation ist. Letztlich entscheidet nur er selbst, ob er sein Verhalten ändert und was er für sich als Problem definiert.
Daraus resultiert einerseits eine Gesprächsführung, die der Systemiker Winfried Palmowski als »Dialog statt Diskussion« (Palmowski 2000, S. 165) umreißt. Während es in einer Diskussion um einen Kampf ums Rechthaben gehe und das Ziel der Beteiligten sei, am Ende möglichst als Gewinner aus dem Gespräch hervorzugehen, sei der Dialog ein Austausch von Meinungen und Ansichten. Verschiedene Sichtweisen würden nebeneinandergestellt und nicht gegeneinander aufgebracht, mit dem Zweck und Effekt, voneinander zu lernen. Die Sprache des Dialogs beschreibt es relativierend, subjektiv und möglichst positiv, sie sei damit geeignet, Ressourcen freizusetzen.

4. Die letzte Phase eines Klärungsgesprächs wendet sich der Suche nach alternativen Verhaltensweisen zu, durch die der andere seine vorhandenen Bedürfnisse befriedigen kann, das jedoch zu geringeren Kosten. Wie gelingt es, der zu sein, der du sein möchtest, und etwas anderes zu tun, das im gegebenen Kontext weniger Schaden für dich und andere anrichtet?
In dieser Phase bekommt das Klärungsgespräch deutliche Anleihen von Beratung, allerdings mit der Einschränkung, dass Sie als Initiator des Gesprächs hier nicht neutral und unabhängig sind. Es bleibt klar, dass Sie selbst ein Interesse an der Änderung der Situation haben. Ihre Impulse können anregen, dass Ihr Gegenüber sein Verhalten dahingehend ändert.

Formulierungshilfen

- Ich habe dich zu diesem Gespräch eingeladen, weil ich in Sorge darüber bin, wie es mit unserer Zusammenarbeit weitergeht, wenn sich nichts ändert.
- Ich möchte nicht noch einmal mit dir über die Vereinbarungen aus unserem letzten Kritikgespräch sprechen – das haben wir ja geklärt und das Ergebnis steht. Ich frage mich aber, ob dir das nicht unangenehm ist, öfters solche Gespräche mit mir und den anderen Lehrern zu führen und die Erziehungsmaßnahmen in Kauf zu nehmen. Deshalb bin daran interessiert zu verstehen, warum dir dein Verhalten so wichtig ist.
- Wissen Sie, wenn ich an Ihrer Stelle wäre, wäre es mir unangenehm, wenn sich immer wieder Eltern über mich beschweren, und ich hätte mein Verhalten vermutlich geändert. Ich bin ganz neugierig und interessiert, welche Motive für Sie so wichtig sind, dass Sie all das in Kauf nehmen. Ich habe mich schon gefragt, ob es vielleicht ein Wunsch nach (Grundbedürfnis anbieten oder positive Absicht unterstellen) ist...

- Ich bin davon überzeugt, dass jeder Mensch stets so handelt, wie es für ihn maximal sinnvoll ist. Von außen betrachtet erschließt sich mir nicht, welches Ihre handlungsleitenden Motive sind, und ich bin wirklich interessiert daran, sie zu verstehen.
- Hast du Lust, mal gemeinsam nachzudenken, wie du dir weniger Ärger einhandeln und deine Bedürfnisse trotzdem erfüllen kannst, zu einem geringeren Preis?
- Du bist verantwortlich für alles, was du tust.

Tipps gegen Tücken

Bleiben Sie in der Grundhaltung des Verstehen-Wollens und lassen Sie sich nicht verleiten, einen quasi missionarischen Eifer an den Tag zu legen und Ihr Gegenüber ändern zu wollen. Das bedeutet hingegen nicht, dass Sie von Ihrer Haltung oder Position abrücken sollen und gutheißen, was der andere tut. Lassen Sie es gelten als seine Weise, sein Leben zu gestalten, die sich von Ihrer Weise unterscheidet (Dialog statt Diskussion).

Vermeiden Sie es, Druck auszuüben und Forderungen zu stellen. Ihr Gegenüber ist vermutlich bereits hinreichend mit Forderungen konfrontiert worden und hat schon viele Gespräche mit Menschen geführt, die zu wissen meinen, was besser und gut für ihn ist. Offensichtlich ist er bereits ein Experte darin, wie man solchem Widerstand begegnet und trotzdem an der eigenen Haltung festhält. Was Sie hingegen äußern können, ist eine Bitte, die dem Gegenüber die Freiheit gibt, sich zu entscheiden (Rosenberg 2010). Rücken Sie dazu die Selbstoffenbarungsseite Ihrer Äußerung in den Vordergrund, den Appell, die Forderung hingegen eher in den Hintergrund.

Eine Verführung liegt darin, sehr und zu schnell auf eine mögliche Lösung oder ein Eingeständnis des Gegenübers anzuspringen, manchmal merkbar verbunden mit einem inneren Aufatmen, dass ihr Gesprächspartner nun endlich auch begriffen hat, was richtig ist. Eine solche Reaktion kann ebenfalls zurück in den Widerstand führen, weil sie eine Seite der inneren Ambivalenz Ihres Gegenübers übermäßig betont und damit wiederum Handlungsoptionen einschränkt. Erfolgversprechender und lösungsorientierter ist es, die Möglichkeiten bewusst möglichst lange offen zu halten und die Entscheidungsfreiheit des Gegenübers zu betonen. Es ist lohnenswert, auch die unerwünschten Anteile kennen zu lernen und in ihrer ehrenwerten Absicht in das Verhalten zu integrieren.

Wenn sich eine neue, alternative Verhaltensweise anbahnt, hinterfragen Sie sie auf ihre Tragfähigkeit hin, und prüfen Sie gemeinsam mit Ihrem Gegenüber, ob Kosten und Nutzen für ihn in angemessenem Verhältnis zueinander stehen. Ein Kollege, der sich an bestimmte Absprachen nicht hält, wird dies auch in Zukunft nicht tun, wenn er sich damit nur mehr Arbeit einhandelt, dafür aber nichts gewinnt (Wertschätzung, Unterstützung, Kooperation, Anerkennung, Sinnhaftigkeit, Entlastung, Freude, Anregungen...). Grundsätzlich, auch das ist wichtig zu bedenken, sind Menschen eher bereit, eine Verhaltensweise zu ändern als ihre innere Haltung. Ist jemand in seinem Selbstkonzept davon überzeugt, ein kreativer Chaot zu sein, kann er dazu übergehen, einen gemeinsam genutzten Arbeitsplatz aufzuräumen, weil er einsieht, dass es für die kollegiale Zusammenarbeit oder für seine Struktur nützlich ist. Gleichzeitig darf er aber ein kreativer Chaot bleiben, der eben aus guten Gründen in bestimmten Bereichen auch mal Ordnung halten kann.

Ein letztes: Lehrerinnen und Lehrer wissen nur allzu gut, dass zum Lernen nicht nur Verstehen, sondern auch Üben gehört. Dasselbe gilt auch für neue Verhaltensweisen, die Erwachsene entwickeln wollen. Seien Sie sich bewusst, dass es mit großer Wahrscheinlichkeit Rückfälle in alte Verhaltensweisen geben wird, die aber nicht zu Frustration führen und das Neue grundsätzlich in Frage stellen sollten – sie gehören zu vielen Entwicklungsprozessen schlicht dazu.

Das Wichtigste in Kürze

- Führen Sie klärende Gespräche nur, wenn Sie anerkennen können, dass Ihr Gegenüber und Sie okay sind.
- Nehmen Sie eine entdeckende, interessierte Haltung ein.
- Diskutieren Sie nicht erneut die Sachlage oder die beschlossenen Konsequenzen, die sich aus ihr ergeben.
- Ziel des Gesprächs ist, die Handlungsmotive des anderen zu verstehen.
- Handlungsleitend sind die Grundbedürfnisse, die jeder Mensch hat: Bindung, Orientierung und Kontrolle, Selbstwertsteigerung und Selbstwertschutz, Lustgewinn und Unlustvermeidung.
- Bieten Sie Ihrem Gegenüber an, über alternative Wege mit weniger Kosten zur Erreichung seiner Ziele nachzudenken.
- Überlassen Sie die Entscheidungen Ihrem Gegenüber. Drängen Sie ihn zu nichts: ›Jeder hat ein Recht auf ein gescheitertes Leben.‹
- Erhalten Sie jederzeit die Freiheit, das Gespräch zu führen oder abzubrechen, und die Freiheit, die eigenen Wege zu finden und zu gehen.
- Denken Sie daran, dass Sie niemanden gegen seinen Willen ändern können.
- Antizipieren Sie mögliche Rückfälle in alte Verhaltensweisen als normale Phänomene eines Veränderungsprozesses.

3.8 »Können Sie dem Kollegen nicht mal sagen...?« – Umgang mit Beschwerden über andere

Zum Beispiel

- Eltern beschweren sich bei Ihnen als Klassenlehrer über den Unterricht eines Fachlehrers.
- Kollegen beschweren sich bei Ihnen über die schlechten Vorbereitungen oder die Unzuverlässigkeit eines Referendars, mit der Begründung, dass Sie ja schließlich für die Ausbildungskoordination zuständig seien.
- Sie sind Schulleiter und ein Lehrer beschwert sich bei Ihnen über den Hausmeister.

Vorbemerkungen

Beschwerden kommen in jedem Betrieb vor, in Geschäften, Hotels, Werkstätten oder eben auch in der Schule. Wo Menschen zusammen und füreinander arbeiten, wird es immer auch Situationen geben, in denen einzelne unzufrieden sind, entweder, weil etwas nicht gut läuft, oder, weil sie selbst Persönlichkeiten sind, die Fehlerhaftes verstärkt wahrnehmen und gerne darauf hinweisen. Das Entgegennehmen von Beschwerden ist generell kein angenehmer Vorgang, der umso unangenehmer wird, desto emotionaler und angstbehafteter er ist.

Für Lehrerinnen und Lehrer gibt es dazu einerseits recht wenig Grund, müssen sie doch in den meisten Fällen weder um Lohn noch um Kundschaft und damit um ihren Arbeitsplatz fürchten. Andererseits befördern bestimmte Rahmenbedingungen des Lehrerberufs eine erhöhte Skepsis gegenüber Beurteilungen von innen und außen. Lehrerinnen und Lehrer neigen dazu, eine recht hohe Autonomie bezüglich ihres Tuns in Anspruch zu nehmen, sind viele von ihnen doch im Unterricht die meiste Zeit ohne Beobachtung durch einen weiteren Erwachsenen und relativ frei in Ihrer Berufsausübung. Scheinbar objektive Kriterien guten Unterrichts haben faktisch einen recht großen Auslegungsspielraum und können sich nur schwer standardisiert abbilden lassen. Kreativität, Engagement, Beziehung sind keine klar messbaren Größen. Andererseits hat nahezu jedes Mitglied unserer Gesellschaft eine Vorstellung davon, wie Schule und Lehren zu sein hätten, weil eben jeder selbst einmal schulpflichtig war, anders als in einem natürlichen Kompetenzgefälle einem KFZ-Mechaniker oder einer Architektin gegenüber.

Diese Mischung trägt dazu bei, dass Beschwerden auf Ab- oder Gegenwehr treffen. Statt sich durch Beschwerden in Alarmbereitschaft versetzen zu lassen oder sie tunlichst zu ignorieren ist es doch konstruktiver, in der Schule eine Form von Beschwerdemanagement mit bestimmten Abläufen und Zuständigkeiten etabliert zu haben, um ruhig, strukturiert, angemessen und zielführend darauf reagieren zu können.

Beschwerden sollten also nicht als Affront, sondern als eine Art Frühwarnsystem begrüßt werden, durch das es möglich wird, Probleme sowohl im Hinblick auf die Qualität von Unterricht und Erziehung als auch auf die Interaktion aller am Schulleben Beteiligten frühzeitig erkennen und bearbeiten zu können. Der angemessene Umgang mit Beschwerden ist dann Ausdruck der »Kundenorientierung« von Schule und kann somit für Akzeptanz und Attraktivität der Institution sorgen. (Bartz et al. 2005)

Besser als gute Intervention ist freilich gelungene Prävention. Durch eine gesicherte Kommunikations- und Konfliktkultur innerhalb der Schule und nach außen sowie regelmäßige Evaluationsformate lassen sich früh und systematisch nicht nur mögliche Missstände, sondern auch Stärken und Qualitätsmerkmale erkennen. Auf der Grundlage regelmäßiger Rückmeldungen lässt sich ebenfalls leichter einschätzen, ob es sich bei einer Beschwerde lediglich um einen Einzelfall handelt oder ob sie sich auf eine systematische Schwäche bezieht, die ein anderes Vorgehen erfordert. Guter Kontakt und regelmäßiger Austausch sind die beste Vorbeugung gegen überraschende schwere Beschwerden.

Theoretischer Hintergrund

Der Schulrechtler Thomas Böhm schreibt über die Beschwerde: »[Sie] ist ein sehr flexibles Mittel, die Überprüfung schulischer Entscheidungen zu erreichen. Für Beschwerden gibt es weder eine bestimmte Frist noch eine festgelegte Form. Sie können jederzeit und auch mündlich bei Lehrern, der Schulleitung oder der Schulaufsicht vorgebracht werden. Beschwerden beziehen sich auf eine fachliche Frage, etwa wenn die Korrektur einer Klassenarbeit oder die Angemessenheit einer erzieherischen Maßnahme in Zweifel gezogen werden, oder auf eine dienstrechtliche Angelegenheit, etwa wenn das Verhalten eines Lehrers für unkorrekt gehalten wird. Sie beruhen auf der Annahme, die Schule habe rechtswidrig gehandelt, oder auf der Kritik an der pädagogischen Qualität einer Entscheidung.« (Böhm 2019, S. 198).

Die folgenden Ausführungen beziehen sich auf quasi vor-juristische Eingaben zu einem Sachverhalt, die formlos mündlich oder schriftlich an die Schule herangetragen werden. Der Gegenstand der Beschwerde kann dabei der Adressat direkt sein oder aber eine dritte Person oder ein Sachverhalt, für den der Beschwerdeführer den Adressaten für zuständig hält.

How to do

Jeder Beschwerdeprozess startet mit der Frage nach dem Ansprechpartner einer Beschwerde. Bestenfalls ist der erste Adressat direkt die Person, auf deren Handeln sich die Beschwerde bezieht, und die Angelegenheit wird zwischen den beiden Parteien direkt geklärt. Ist das nicht möglich, kommt eine weitere, gegebenenfalls hierarchisch übergeordnete Instanz ins Spiel.

Aus verschiedenen Gründen wird dieser direkte Kontakt aber nicht immer gesucht oder gar bewusst vermieden: Manchen Menschen ist es unangenehm, einen anderen mit ihrer Kritik direkt zu konfrontieren. Es fällt ihnen leichter, über Bande zu spielen und sich mit der Reaktion des Empfängers nicht direkt auseinander setzen zu müssen. Manchmal befürchtet der Beschwerdeführer auch negative Konsequenzen, vor allem dann, wenn ein Abhängigkeitsverhältnis besteht. So wenden sich Schüler normalerweise eher an den Klassenlehrer oder den Vertrauenslehrer statt an den Kollegen selbst, über den sie sich beschweren möchten. Durch Einbeziehung einer dritten, möglicherweise ranghöheren Person hofft der Beschwerdeführer dabei auch, seine eigene Position zu stärken. Er steht mit seinem Anliegen nicht mehr alleine da, sondern wählt einen Verbündeten, einen Anwalt oder einen Richter, der auf seiner Seite ist und seine Interessen vertritt. Darüber hinaus kann es sich auch um eine Machtdemonstration des Beschwerdeführers handeln, etwa wenn ein Elternteil, selbst erfolgreich in Beruf und Geschäftsleben, sich direkt an die Schulleitung wendet und damit sein Anliegen direkt zur Chefsache zu machen versucht.

Als Empfänger einer Beschwerde über andere ist daher gut zu prüfen, mit welcher Intention gerade Sie angesprochen werden und ob es für die Sache und die beteiligten Personen dienlich ist, sich in das Verfahren verwickeln zu lassen. Anfällig zum vorschnellen Intervenieren sind vor allem Menschen mit hohem Retter-Anteil und großem Appell-Ohr (siehe Kap. 2.2.2 »Das Modell der vier Seiten einer Nachricht«) sowie Menschen mit einer gewissen Sensationslust und einer Affinität zu Klatsch und Tratsch. Der erste reguläre Schritt im Umgang mit einer Beschwerde wäre also, nach Möglichkeit und sofern das dem Beschwerdeführer und -empfänger zumutbar ist, einen Kontakt zwischen beiden herzustellen, eventuell auch im Beisein einer dritten Person.

Ausnahmen von diesem Vorgehen kann und sollte es dann geben, wenn die Beschwerde wenig relevant und zielführend erscheint und wenn es den Empfänger zu schützen gilt. Hier kann es manchmal ebenso richtig sein, die Beschwerde entgegen zu nehmen und gegebenenfalls sanft im Sande verlaufen zu lassen oder aber dem Empfänger einen diskreten Hinweis auf die Stimmungslage zu geben, ohne ein großes Fass aufzumachen. Die kollegiale Loyalität, die Fürsorgepflicht von Leitung gegenüber Mitarbeitenden und der allgemeine Schulfrieden sind hier die höheren Werte als die unbedingte Transparenz.

Hier nun einige Hinweise für eine Gesprächssituation, in der Sie mit einer Beschwerde konfrontiert werden.

1. Bitten Sie zunächst die Beschwerdeführer, z.B. die Eltern, um die Erläuterung des Anlasses für ihre Beschwerde. Wenn Sie es mit einem wütenden, emotionalisierten Gegenüber zu tun haben, unterbrechen Sie nicht, sondern lassen Sie die Äußerungen so lange zu, solange keine andere Person herabgesetzt oder beleidigt wird. Regulieren Sie Ihre eigenen Emotionen und wenden Sie sich der wütenden Person aufmerksam und bewusst auch körpersprachlich zu. Geben Sie ihr Gelegenheit, erst einmal den Dampf aus dem Kessel zu lassen. Fokussieren Sie sich dann darauf, zu verstehen, was genau das Problem ist.
2. Klären Sie, warum und mit welchem Anliegen sich Ihr Gegenüber gerade an Sie wendet. Sind Sie die erste Person, die zufällig ansprechbar war? Vertreten Sie eine bestimmte Rolle oder Zuständigkeit aufgrund Ihres Tätigkeitsfeldes oder Amtes? Oder sind Sie eine besonders hilfsbereite oder vertrauenserweckende Person? Klären Sie, was das Ziel des Gespräches – gemeint ist damit nicht das Ziel der Beschwerde, sondern der konkreten Gesprächssituation – sein soll.
3. Prüfen Sie, ob Sie der richtige Gesprächspartner sind oder ob Sie an eine andere Person verweisen möchten oder müssen. Ist das der Fall, vermeiden Sie, dass ihr Gegenüber sich nicht ernst genommen oder vertröstet fühlt. Nennen Sie dazu zusätzlich zu Ihrer Absage auch mindestens zwei Möglichkeiten, die Sie stattdessen anbieten können (»Ich bin nicht der richtige Ansprechpartner für Sie, aber ich kann Ihnen gerne die Sprechzeiten des Kollegen nennen oder ihm einen Zettel mit Ihrer Telefonnummer zum Rückruf geben.«). Der Grad des Unmutes sinkt normalerweise, wenn wir Mehreres angeboten bekommen, zwischen dem wir uns entscheiden können.
4. Wenn Sie festgestellt haben, dass Sie der richtige Ansprechpartner für die Beschwerde sind, lassen Sie sich die Situation schildern und fragen Sie nach. In der Haltung sollten Sie weniger einem Inspektor ähneln, der einen Kriminalfall löst, sondern mehr einem interessierten Forscher. Stellen Sie Fragen, die das Thema explorieren, und halten Sie sich mit vorschnellen Kommentaren, Urteilen und Schuldzuweisungen zurück: Wer ist direkt und wer indirekt beteiligt? Wer definiert das Problem als Problem? Welche Hypothese haben die Beschwerdeführer über Ursachen und Lösungsmöglichkeiten und welche könnte es noch geben?
5. Bevor Sie Ideen zur Abhilfe entwickeln oder Angebote machen, fragen Sie zunächst nach, was der Beschwerdeführer selbst bereits getan hat, um das Problem zu lösen, und was genau er nun von Ihnen erwartet. Übernehmen Sie seine Erwartungshaltung nicht vorschnell, sondern überdenken Sie sie in Ruhe. In der Regel werden die nächsten Schritte darin bestehen, mit den weiteren Beteiligten zu sprechen und gegebenenfalls notwendige Informationen einzuholen.

6. Vereinbaren Sie die nächsten Schritte und klären Sie auch, ob und welcher Art es eine Rückkopplung zum Beschwerdeführer geben soll oder muss. Nicht nur Schulleitungen sollten hierbei in Personalangelegenheiten ihre Verschwiegenheits- und Fürsorgepflicht berücksichtigen. Es geht den Beschwerdeführer nicht unbedingt etwas an, welche Maßnahmen und Absprachen in der Angelegenheit getroffen wurde, und kann für den Schulfrieden sogar eher abträglich sein. (Böhm 2019) Bieten Sie aber an, sich zu einem späteren Zeitpunkt mit dem Beschwerdeführer ins Benehmen zu setzen, ob der Sachverhalt inzwischen geklärt ist.
7. Wenn sich im Gespräch kein guter Weg abzeichnet, weisen Sie den Beschwerdeführer gegebenenfalls auf mögliche weitere Schritte hin (z.B. Schulaufsicht, rechtliche Schritte, Mitarbeitervertretung oder Personalrat).
8. Entscheiden Sie nach dem Gespräch, wie Sie intern mit der Beschwerde weiter umgehen. Häufen sich Themen oder handelt es sich um Einzelfälle? Welche Verbesserungsimpulse oder Unterstützungsangebote gehen daraus hervor? Lässt sich dem Beschwerdegrund oder dem Beschwerdeweg in Zukunft vorbeugen? (Bartz 2005)

Formulierungshilfen

- Welches ist Ihr Anliegen? Worum geht es genau?
- Warum wenden Sie sich mit Ihrer Beschwerde an mich? Gibt es noch einen anderen Ansprechpartner?
- Bei mir kommt Ihre Verärgerung deutlich an. / Ich kann nachvollziehen, dass Sie sich ärgern. / Ich verstehe Ihren Ärger. / Ich verstehe Ihren Ärger, aber ich bin leider nicht die richtige Ansprechperson für Sie.
- Welche Erwartungen haben Sie an unser Gespräch? Was ist Ihrer Meinung nach ein gutes Ergebnis unseres Gesprächs?
- Was haben Sie bereits getan, um das Problem zu lösen? Haben Sie weitere Ideen, wie das Problem gelöst werden kann?
- Was genau erwarten Sie, das ich tun soll? Welche der Lösungsideen (was Sie selbst tun können und wollen / was Sie erwarten, dass ich tun soll) halten Sie für geeignet, um der Beschwerde abzuhelfen?
- Ich werde zunächst mit den Beteiligten sprechen und gegebenenfalls weitere Informationen einholen.
- Vielen Dank für Ihre Beschwerde. Sie ist für uns als Schule ein wichtiger Hinweis darauf, dass etwas nicht gut läuft.
- Vielen Dank für Ihre Beschwerde. Wir werden der Sache nachgehen. Wenn sich nach zwei Wochen noch keine Besserung eingestellt hat, kontaktieren Sie mich bitte noch einmal.

- Vielen Dank für Ihre Beschwerde. Seien Sie sicher, dass wir der Sache nachgehen. Bitte haben Sie aber Verständnis dafür, dass wir Ihnen aus Gründen der Vertraulichkeit keine Einzelheiten nennen können.

Tipps gegen Tücken

In einer unangenehmen Situation, wie es die Konfrontation mit einer Beschwerde ist, neigen wir manchmal dazu, sehr beschwichtigend zu reagieren um schnellstmöglich Abhilfe zu schaffen. Plötzlich sind Zusagen gemacht und Entgegenkommen versprochen, das sich bei genauerer Klärung der Sache möglicherweise als unangemessen erweist. Ziel des Erstgesprächs ist daher zunächst, die Beschwerde entgegenzunehmen, sie zu hören und die Position des Beschwerdeführers zu verstehen. Die weiteren Schritte der Bearbeitung finden außerhalb des Gesprächs statt und bleiben unter Umständen auch intern.

Halten Sie sich in den Gesprächen mit dem Beschwerdeführer zurück mit Kommentierungen, auch nonverbaler Art wie Kopfschütteln oder Augenverdrehen, mit vorschnellen Urteilen, Schuld Zu- oder Abweisungen, Zusagen und Versprechungen. Sie alle beeinträchtigen eine sachliche Klärung des Vorgangs und die konstruktive Bearbeitung einer Beschwerde.

Manchmal fordern Beschwerdeführer vehement Rechenschaft darüber ein, welche Schritte, Änderungen und bei Personalthemen möglicherweise Sanktionen eingeleitet worden sind. Bei sachbezogenen Anlässen ist gut, beizeiten eine Rückmeldung zum Stand der Dinge zu geben, wenn es sich nicht um Einzelanliegen, sondern um Themen handelt, von denen viele betroffen sind (»Die Fördermittel für die Renovierung der Schultoiletten sind beantragt, wir hoffen auf eine baldige Bewilligung und einen Baubeginn in drei Monaten.«). In Personalangelegenheiten hingegen sollten Sie zum Schutz der Person angemessene Loyalität und Diskretion walten lassen. Es ist nicht nur menschlich belastend, sondern steht der Schule auch schlecht, wenn einzelne Mitarbeiter einen schlechten öffentlichen Ruf haben. (Selbstverständlich meint das nicht, in der Nachverfolgung von Beschwerden schwere Vergehen unter den Teppich zu kehren, hier besteht unbedingter Handlungsbedarf.).

Haben Sie keine Angst vor Beschwerden. Bleiben Sie gelassen, wenn der Beschwerdeführer mit rechtlichen Schritten droht, das ist sein gutes Recht und oft bleibt es allein bei der Drohung. Lassen Sie sich nicht auf Säbelrasseln ein, sondern versuchen Sie, wertschätzend und konstruktiv eine vertretbare Lösung herbei zu führen. Wenn es diese nicht gibt, müssen gegebenenfalls andere Instanzen entscheiden.

Das Wichtigste in Kürze

- Nehmen Sie die Beschwerde auf und klären Sie, worum es geht.
- Prüfen Sie, ob Sie der richtige Ansprechpartner sind.
- Klären Sie die Erwartungen des Beschwerdeführers an das Gespräch mit Ihnen.
- Fragen Sie nach, ob und was der Beschwerdeführer selbst bereits zur Lösung des Problems getan hat und/oder was er bereit ist, zu tun.
- Urteilen und entscheiden Sie nicht vorschnell.
- Prüfen Sie den Sachverhalt, bevor Sie weitere Schritte einleiten.
- Geben Sie Rückmeldungen an den Beschwerdeführer mit Bedacht.
- Nutzen Sie die Beschwerde für das Qualitätsmanagement der Schule.

3.9 »Sie sind eine Flasche!« – Mit unsachlicher Kritik umgehen

Zum Beispiel:

- Am Elternsprechtag kommt eine sichtlich aufgebrachte Mutter in die Sprechstunde und wirft Ihnen vor, Sie hätten ihren Sohn unangemessen zurechtgewiesen und hätten sowieso ja wohl generell etwas gegen ihn, egal was er tue.
- Der Klassenpflegschaftsvorsitzende wendet sich an Sie und beklagt einen allgemeinen Leistungsabfall Ihrer Lerngruppe. Bei Ihrem Vorgänger, einem erfahrenen Kollegen, seien die Schüler viel besser zurechtgekommen. Offensichtlich seien Sie als junger, neuer Kollege mit der Klasse überfordert.
- Bei der gemeinsamen Besprechung von Entwürfen für eine Vergleichsarbeit kommentiert ein Kollege Ihre Vorschläge mehrfach in der Sache und im Ton abfällig. Als Subtext kommt bei Ihnen an, dass er grundsätzlich Ihre Kompetenz als Fachlehrer in Frage stellt.
- Ein Mitglied des Kollegiums wirft Ihnen vor, Sie als Koordinator hätten einen ungerechten Stundenplan erstellt, mit dem Sie manche Kollegen bewusst benachteiligen würden.

Vorbemerkungen

Angemessene und konstruktive Kritik kann eine wichtige Rückmeldefunktion haben und der eigenen Weiterentwicklung durchaus zuträglich sein. Pauschale, unsachliche Kritik, die in Art und Inhalt unangemessen ist, wird hingegen nicht im Interesse einer gemeinsamen konstruktiven Lösung geäußert, sondern ist ein

Machtinstrument, mit dem eine Seite versucht, ihre Position auf Kosten der anderen durchzusetzen.

Kritik trifft uns besonders dann emotional, wenn sie einen Kern in sich trägt, der in uns auf eine innere Resonanz trifft. Wirft man einem Spitzensportler Unsportlichkeit oder einem Nobelpreisträger geringe Intelligenz vor, wird diese Kritik maximal als Unverschämtheit, nicht aber als in irgendeiner Weise berechtigt abgetan werden können. Anders verhält es sich, wenn die Kritik auf eigene Selbstzweifel trifft. Ist der Musiker sich selbst unsicher, ob sein Können wohl für die große Bühne reicht, oder der Sportler, ob sein Körper nicht inzwischen zu alt für Spitzenleistungen ist, kann eine Kritik diese inneren Zweifel noch krisenhaft verstärken. Die tatsächlichen Fähigkeiten müssen dabei der Selbsteinschätzung nicht entsprechen, sondern viele auch sehr erfolgreiche Menschen leiden unter dem sogenannten Hochstapler- oder Impostor-Syndrom, der Angst, irgendwann als unfähig entlarvt zu werden trotz objektiver Erfolge. Gerade diese sind anfällig dafür, sich Kritik sehr zu Herzen zu nehmen, weil sie ihr Selbstkonzept und ihre Angst noch befeuert.

Im schulischen Kontext werden Lehrerinnen und Lehrer zum Beispiel in Elterngesprächen mit Kritik konfrontiert, die nicht in allen Fällen sachlich und konstruktiv ist. Werden explizit oder subtil Vorwürfe gemacht wie »Sie haben etwas gegen mein Kind.« »Sie haben die Klasse nicht im Griff.« oder »Sie sind fachlich / pädagogisch inkompetent.« liegt in diesen Äußerungen eine pauschale Kritik, welche die Profession und das Selbstverständnis der Pädagogen grundsätzlich in Frage stellt. Grob kategorisiert lassen sich diese Vorwürfe auf vier Grundthemen zurückführen, nämlich das Absprechen von Wohlwollen, von Autorität, von Kompetenz oder von Wahrhaftigkeit (Schaffner 2020), freilich auch in Kombinationen denkbar.

Im Folgenden soll es darum gehen, sich in einem unfairen Spiel von Anklage und Rechtfertigung gegen unsachliche und pauschale Vorwürfe zu schützen. Wohlgemerkt ist damit nicht gemeint, eine Strategie zu entwickeln, sich aus jeglicher berechtigten Kritik schadlos herauszureden.

Theoretischer Hintergrund

Der Kommunikationswissenschaftler Paul Watzlawick hat in einem seiner fünf Grundaxiome formuliert, dass jede Kommunikation sowohl einen Inhalts- als auch einen Beziehungsaspekt habe, wobei letzterer den ersten bestimme (Watzlawick 1974). Menschen gestalten durch Kommunikation immer auch Beziehung und Beziehung bildet sich immer auch in Kommunikation ab. Durch Vorwürfe, die nur scheinbar auf der Sachebene geäußert werden, in ihrem Kern aber auf die Person zielen, wird auf der Beziehungsebene eine Kooperation erschwert oder verhindert. Beziehung meint dabei – anders als im umgangssprachlichen Gebrauch – nicht Freundschaft, Liebe, Sympathie oder Antipathie, sondern zunächst Art und

Weise, wie die Kommunikationspartner im umfassenderen Rollensinn zueinander stehen. Werden Ihre Autorität und Kompetenz als Lehrer, Integrationshelfer oder Schulleiter in Frage gestellt, werden damit die notwendigen Grundlagen Ihrer Rolle infrage gestellt, bei einem Vorwurf gegen die Wahrhaftigkeit und das Wohlwollen gar Grundzüge Ihrer integren Persönlichkeit.

Der erste Versuch einer Klärung sollte in einer sachlichen Antwort auf unsachliche Vorwürfe bestehen. Wenn Ihr Gegenüber aber mit dem Vorhaben zu Ihnen gekommen ist, Ihnen eigentlich mitteilen zu wollen, dass Sie eine Flasche sind, werden Sie auf der Inhaltsebene nicht zu einer wirklichen Lösung kommen, gleich wie detailliert Sie antworten. Verharrt Ihr Gesprächspartner in seiner Haltung von »Ich bin okay, du bist nicht okay.« (siehe Kap. 2.2.1 »Die Transaktionsanalyse – Die Grundeinstellungen: Ich bin okay – du bist okay«) ist die Beziehungsebene so beeinträchtigt, so dass sich auf der Inhaltsebene nur schwerlich eine Lösung finden lassen wird.

How to do

In der Regel merkt in schwierigen Situationen wie einer Konfrontation mit unsachlichen Vorwürfen der Körper schneller als der Kopf, dass gerade etwas schief läuft. Es springen somatische Marker an, die den Körper in einen Alarmzustand versetzen: der Blutdruck steigt, die Atmung wird schneller und flacher, man beginnt zu schwitzen und so weiter. Forschungen von Steven Porges und anderen gehen davon aus, dass der Vagusnerv uns in solchen Situationen entweder in den archaischen Stressmodus von Kampf oder Flucht versetzt oder, wird die Situation als äußerst bedrohlich empfunden, in eine Erstarrung, ein Freeze. Bevor Sie das Gespräch weiterführen, verschaffen Sie sich in diesen Fällen einen Moment Zeit, um wieder einen klareren Kopf zu gewinnen, und befreien Sie sich auch körperlich aus der Situation, etwa indem Sie kurz aufstehen um etwas zu holen (Unterlagen, ein Getränk) oder das Fenster zu öffnen. Das physische Lösen aus der Erstarrung macht auch die Gedanken wieder flüssig.

Klären Sie dann zunächst, ob Thema, Ort und Zeit des Gesprächs überhaupt angemessen sind. Vermeiden Sie zum Beispiel Situationen der Konfrontation vor Publikum wie einem vollbesetzten Lehrerzimmer oder Klassenraum, Tür- und Angel-Gespräche oder Termine mit großem Zeitdruck wie zum Beispiel an einem eng getakteten Elternsprechtag. Prüfen Sie auch, ob das Thema stimmig zum vereinbarten Gesprächsanlass ist oder ob es eigentlich um etwas ganz anderes geht.

Hören Sie zunächst die Kritik genau an und geben Sie ihr Struktur. Bitten Sie Ihr Gegenüber, seinen Vorwurf zu konkretisieren und genau zu formulieren, was sein Anliegen ist. Fassen Sie dann zusammen, was Sie von der Kritik verstanden haben und benennen Sie die Aspekte, die für Sie akzeptabel und nachvollziehbar sind. Bringen Sie auch zum Ausdruck, welche positive Absicht Ihres Gegenübers Sie verstanden haben. So treibt fürchterlich polternde oder unangemessen fordernde Eltern in der Regel die Sorge um das eigene Kind an, was ein anerkennenswertes Motiv ist.

Gehen Sie dann auf die genannten Aspekte ein, sofern sie für Sie inhaltlich nachvollziehbar sind. Machen Sie ihr eigenes Verhalten transparent, geben Sie gegebenenfalls weitere notwendige Informationen. Nutzen Sie dazu Ihren Erwachsenen-Ich- und Ihren fürsorglichen Eltern-Ich-Zustand (siehe Kap. 2.2.1 »Die Transaktionsanalyse – Das Strukturmodell der Ich-Zustände«). Vermeiden Sie es hingegen, in einen Zustand des angepassten Kindes zu fallen und sich aus diesem heraus zu rechtfertigen und zu verteidigen. (Gührs/Nowak 2002)

Es wird sich zeigen, ob die Kritik damit zufriedenstellt geklärt werden konnte, oder ob dahinter pauschale und unsachliche Vorwürfe stehen. Ein Zeichen dafür ist, wenn Ihr Gegenüber nach einem Muster »Ja, aber...« reagiert und immer wieder neue Beispiele für das selbe Grundthema anführt.

- Infragestellen des *Wohlwollens* – Ein typisches Beispiel ist ein Vorwurf wie: »Sie haben etwas gegen mich / mein Kind / unsere Familie / Ausländer / Mädchen / Jungen ...«
- Infragestellen der *Autorität* – Typisch hierfür sind Vorwürfe wie: »Sie haben die Klasse nicht im Griff / können sich nicht durchsetzen / bekommen keinen Respekt / sind nicht anerkannt ...«
- Infragestellen der *Wahrhaftigkeit* – Dieser Vorwurf zeigt sich zum Beispiel in Formulierungen wie: »Das hat mir mein Sohn aber ganz anders erzählt als Sie das jetzt darstellen / Die Begebenheit habe ich von den anderen Eltern aber anders gehört ... / Herr N. hat aber gesagt ... / Jetzt tun Sie so als ob ...«
- Infragestellen der *Kompetenz* – Kann sich gegen die fachliche oder die pädagogische Kompetenz richten, zum Beispiel: »Der vorherige Mathelehrer war ja eine Koryphäe / Haben Sie als Englischlehrer denn auch im Ausland studiert? / Das ist Ihre erste Klassenleitung, oder? / Ich habe ja selbst Mathematik studiert ...« (Schaffner 2020)

Fassen Sie Mut, den Vorwurf auf den Tisch zu holen, indem Sie konkret nachfragen: »Das was Sie sagen, kommt bei mir an wie ein Vorwurf gegen mich. Verstehe ich das richtig?« Entweder wird Ihr Gegenüber abwehren und sich zu erklären versuchen, vielleicht waren seine Einlassung wirklich nur ungeschickt formuliert, oder er wird den Vorwurf bestätigen. Erst wenn der Vorwurf ausgesprochen ist, können wir uns dazu verhalten und bekommen eine Idee davon, was wir vom anderen zu halten haben.

Autorität, Kompetenz, Wahrhaftigkeit und Wohlwollen dürfen und sollten Sie grundsätzlich für sich in Anspruch nehmen und sich gegen unzutreffende Unterstellungen wehren. Haben Sie das Gefühl, eher wie ein Angeklagter in einem Gerichtsverfahren als wie ein Partner in einem klärenden Gespräch behandelt zu werden, sollten Sie die Situation an dieser Stelle zumindest unterbrechen, wenn nicht gar beenden. Gibt es keine grundsätzlich tragfähige und rollenklare Beziehungsebene und fehlt die gegenseitige Anerkennung – das gilt vonseiten der Eltern der Lehrperson gegenüber wie auch umgekehrt! – müssen Sie diese Tatsache akzeptieren. Nicht immer lässt sich eine Lösung finden und nicht jedes Gespräch endet mit einer guten Vereinbarung.

Geben Sie den Dingen Zeit und bieten Sie an, nach einer Weile das Gespräch eventuell noch einmal aufzunehmen. Manchmal müssen sich die Gemüter erst beruhigen und manchem Angreifer fällt es schwer, von einer machtvollen Demonstration seiner Vorwürfe in eine Haltung von Kooperationsbereitschaft zu wechseln. Bleiben Sie deeskalierend, wenn Sie das Gespräch abbrechen, und halten Sie die Möglichkeit offen, den Kontakt zu einem späteren Zeitpunkt wieder aufzunehmen, sofern Ihr Gegenüber dann dazu bereit ist. Eltern gegenüber sollten Sie in diesem Zusammenhang betonen, dass der Gesprächsabbruch zwischen den Erwachsenen keine negativen Konsequenzen für Ihren Umgang mit dem Kind oder Jugendlichen haben wird.

Wendet sich die Situation hingegen und Ihr Gesprächspartner lenkt ein, können Sie sich wieder stärker den inhaltlichen Themen zuwenden.

Ziehen Sie abschließend eine Bilanz des Gesprächs, danken Sie für die Kritik, wenn es Ihnen möglich ist (Ihr Gegenüber musste vielleicht sehr viel Mut dafür aufbringen oder hat lange innerlich daran geübt). Geben Sie sich gegenseitig eine Rückmeldung, wie Sie aus dem Gespräch herausgehen. Wenn kein versöhnlicher Schluss gezogen werden konnte, fassen Sie am Ende zusammen, welche Punkte geklärt sind und welche noch weiterer Klärung bedürfen oder im Dissens bleiben.

Formulierungshilfen

- Ich habe Ihre Kritik gehört und möchte Ihnen gerne sagen, was ich davon verstanden habe… Nachvollziehbar ist für mich…
- Ich möchte Ihnen gerne meine Sicht der Dinge darlegen. Sind Sie interessiert daran?
- Ich habe den Eindruck, dass meine Erklärungen keine zufriedenstellende Antwort sind auf das, was Sie kritisieren. Vielmehr kommt bei mir ein Vorwurf gegen mich an. Verstehe ich das richtig?
- Ja, Sie haben recht, dass ich mich zum wiederholten Mal über das Verhalten Ihres Sohnes geärgert habe und dass ich ihn in dieser Situation deutlich zurechtgewiesen habe. Ich möchte Ihnen aber ganz deutlich sagen, dass ich nicht grundsätzlich etwas gegen Ihr Kind habe, sondern dass mein Anliegen als Lehrerin ist, dass es wie alle meine Schüler in unserer Klasse gut hier sein und lernen kann. Nehmen Sie mir das ab?

- Es ist meine erste Klassenleitung, das stimmt. Einiges läuft sicher noch nicht so rund wie bei den erfahrenen Kollegen, aber ich nehme für mich in Anspruch, dass ich eine gut ausgebildete Lehrerin bin und mich pädagogisch verantwortungsvoll um das Klassenklima kümmere. Es ist mir ein Anliegen, mit Ihnen und den anderen Eltern gut zusammen zu arbeiten.
- Sie werfen mir vor, ich würde in der Angelegenheit nichts tun, und fordern Rechenschaft von mir. Ich will Ihnen sagen, dass ich das Thema mit Bedacht im Blick habe und im Austausch mit den Kollegen / der Schulleitung darüber bin. Welche Maßnahmen wir genau ergreifen, werden wir Ihnen und den anderen Eltern bald auf geeignete Weise mitteilen. Ich als Pädagogin und wir als Schule nehmen für uns in Anspruch, dass wir sehr verantwortungsvoll mit der Angelegenheit umgehen, auch wenn wir nicht jeden Schritt kommunizieren können. Können Sie das nachvollziehen und gestehen Sie uns das zu?
- Ich glaube, wir kommen an dieser Stelle heute nicht weiter. Wenn Sie grundsätzlich in Frage stellen, dass ich es gut mit den Kindern meine / die nötigen Kompetenzen für meinen Beruf habe / die Wahrheit sage, dann sehe ich keine Möglichkeit, dass wir in gegenseitigem Respekt unserer Rolle eine gute Lösung finden. Ich bitte Sie, über Ihren Vorwurf nochmal nachzudenken. Ich werde ebenfalls über unser Gespräch nachdenken und schlage vor, dass wir uns in zwei Wochen noch einmal neu zusammensetzen. Auch wenn wir weiter nicht miteinander kooperieren können – was ich sehr bedauern würde – können Sie sicher sein, dass das mein zukünftiges Verhalten Ihrem Kind gegenüber nicht negativ beeinflussen wird.
- Ich habe verstanden, dass Sie das pädagogische Konzept unserer Schule und unsere Arbeit hier grundsätzlich kritisch sehen und infrage stellen. Das bedauern wir sehr und wir müssen leider sagen, dass es uns die Zusammenarbeit mit Ihnen sehr erschwert bis unmöglich macht, wenn wir wissen, dass Sie kein Vertrauen in unsere Arbeit haben. Wir schätzen Ihr Engagement als Eltern für Ihr Kind, sehen aber unsererseits leider aktuell viele Hürden für eine gelungene Erziehungspartnerschaft. Daher möchten wir das Gespräch an dieser Stelle abbrechen und bieten Ihnen gerne eine Fortsetzung in einiger Zeit an, unter der Voraussetzung gegenseitiger Kooperationsbereitschaft. Auch wenn wir keinen gemeinsamen Weg finden, werden wir weiter mit unserer ganzen pädagogischen Kompetenz unsere Arbeit hier tun.

Tipps gegen Tücken

Oft geht es emotional hoch her, wenn heftige Vorwürfe im Spiel sind. Der andere hat sich bildlich vor der Tür schon einmal die Ärmel hochgekrempelt und will Ihnen mal so richtig die Meinung sagen. Dann gilt es, erst einmal einen kühlen Kopf zu bewahren und abzuwarten, bis ein bisschen Dampf aus dem Kessel entwichen ist. Nutzen Sie die Zeit, sich selbst zu regulieren und Ihren Erwachsenen-Ich-Zustand deutlich zu aktivieren. Vermeiden Sie Formulierungen wie »Jetzt beruhigen Sie sich erst einmal«, die Ihr Gegenüber noch weiter provozieren könnten, sondern geben Sie zu verstehen, dass Sie zuhören, und fassen Sie zusammen, was Sie verstanden haben.

Aus Angst, die Situation zu verschlimmern, vermeiden wir oft, einen wahrgenommenen Vorwurf wirklich zu benennen. Wir versuchen angestrengt darum herum zu argumentieren und ihn irgendwie zu zerreden. Es ist wie der sprichwörtliche Elefant im Raum, an dem alle angestrengt vorbeischauen. Souveräner ist es, ihn stattdessen zu benennen, sich damit der Richtigkeit der eigenen Wahrnehmung zu vergewissern und sich zu ersparen, mit viel Energie ein unzufriedenstellendes Gespräch zu führen. Nützlich ist in dieser Situation auch ein offenes Selbstoffenbarungsohr (siehe Kap. 2.2.2 »Das Modell der vier Seiten einer Nachricht«), das die Frage »Was wirft der andere mir vor?« erweitert um den Aspekt: »Was sagt der andere über sich selbst aus, indem er das sagt?«.

Steht keine gute Lösung in Aussicht, ist es besser, das Gespräch abzubrechen, als es bestenfalls ergebnislos weiter zu führen, schlechtestenfalls eine Eskalation in Kauf zu nehmen. Ein Gespräch abzubrechen ist kein Zeichen von Schwäche, sondern von Professionalität und kluger Erkenntnis, dass es unter den vorliegenden Umständen angezeigt ist, sich zu vertagen oder gar den Kontakt abzubrechen. Bleiben Sie auch dabei in Ihrem Erwachsenen-Ich-Zustand. Ein Gesprächsabbruch aus dem rebellischen Kind (trotzig), dem angepassten Kind (hilflos), dem kritischen Eltern-Ich (vorwurfsvoll) oder dem fürsorglich-nährenden Eltern-Ich (kann unangemessen von oben herab wirken) machen die Situation nicht besser, es sei denn, Sie wollen eine dieser Wirkungen bewusst nutzen.

Das Wichtigste in Kürze

- Punkt 1 auf jedem Notfallplan: Ruhe bewahren!
- Sprechen Sie es direkt an, wenn Sie offen oder verdeckt einen pauschalen Vorwurf hören.
- Nehmen Sie Stellung zu dem Vorwurf, versuchen Sie eine sachliche Erläuterung Ihres Handelns, rechtfertigen Sie sich aber nicht übermäßig.
- Nehmen Sie für sich grundsätzliche Wohlwollen, Autorität, Kompetenz und Wahrhaftigkeit in Anspruch (natürlich nur, wenn es stimmt). Gestehen Sie gleiches Ihrem Gegenüber zu.
- Bieten Sie Kooperation an auf der Grundlage dieses gegenseitigen Vertrauens.
- Wenn keine Kooperation möglich ist, brechen Sie das Gespräch ab. Bieten Sie gegebenenfalls einen späteren Termin zur Wiederaufnahme an.

- Nutzen Sie Ihren Erwachsenen-Ich-Zustand, bleiben Sie rollenklar, werden Sie nicht persönlich.

3.10 Silence is golden? – Umgang mit Schweigen und Schweigern

Zum Beispiel

- Sie haben in einer Lehrerkonferenz ein Projekt vorgestellt oder ein Anliegen vorgetragen. Nachdem Sie geendet haben, herrscht Schweigen, keiner der Kollegen kommentiert Ihre Ausführungen. Sie sind irritiert und wissen nicht, was das bedeuten soll.
- In einem Beratungsgespräch haben Sie eine Frage gestellt oder eine Intervention angeboten. Ihr Gegenüber schweigt. Sie sind verleitet, direkt die nächste Frage hinterher zu schieben, weil Sie das Schweigen schlecht aushalten können.
- In einem schwierigen Elterngespräch haben Sie den Eltern Informationen und Ihre Einschätzung gegeben. Die Eltern schweigen darauf hin. Sie sind sich unsicher, ob die Eltern etwas noch nicht verstanden haben oder skeptisch sind oder ob es einen ganz anderen Grund gibt.

Vorbemerkungen

Schweigen ist nicht nur eine Abwesenheit von Worten, sondern eine wichtige Zutat für Gespräche. Ein hohes Tempo, um möglichst vieles in möglichst kurzer Zeit zu sagen, lässt oft kaum Raum und Zeit für die Verarbeitung von Informationen, das Nachdenken, das In-sich-hinein-Hören, eine Resonanz zu entwickeln, sich zu sammeln, die Worte bewusst zu finden und in Ruhe aussprechen. Manchmal fällt es schwer, Schweigen auszuhalten, manch einer fühlt sich unwohl dabei und neigt dazu, jede Pause mit Worten und Phrasen zu füllen.

Referendarinnen und Referendare müssen in ihrer Ausbildung oft erst lernen, nach einer Frage oder einem Impuls das Warten auszuhalten und nicht auf den erstbesten Schülerfinger zu reagieren. Nicht nur Berufsanfänger sind der Meinung, in professionellen Gesprächen nicht schweigen zu dürfen, Schweigen sei ein Zeichen von Schwäche und nicht Nicht-Wissen, der Kompetente hingegen könne immer und zu allem ad hoc etwas Kluges sagen. Das Gegenteil ist der Fall: Souverän wirkt, wer mit Bedacht formuliert und sich auch erlaubt, gelassen zu schweigen.

Zu unterscheiden ist zwischen

- bewusst gesetzten Gesprächspausen des Sprechers und Tempomodulationen eines Vortragenden,
- wartendem, nachdenklichem Schweigen zwischen Gesprächsbeiträgen und
- beredtem Schweigen aus Gründen, die den Fortgang des Gesprächs behindern (Unklarheit, Widerstand).

Theoretischer Hintergrund

Schweigen kann eine Fassadentechnik sein, eine Form, sich als Person zu verstecken oder zu tarnen. Aus Angst, etwas Falsches zu sagen oder sich zu blamieren, schweigt man lieber. (Schulz von Thun 1981, S. 108) Der Grund hierfür ist eine Unsicherheit, die ausgelöst wird durch den Kontext (große Gruppen, ungewohnte Situation, Prüfung), das Thema (Wie kenntnisreich und wie verbunden mit der Thematik bin ich?), das Gegenüber (fremde Person, Amtsträger, Chef/in) oder das eigene Selbstbild (Bin ich schüchtern oder selbstbewusst? Bin ich okay? Wie gehe ich mit Fehlern um?).

Aus der Gruppendynamik ist auch das Phänomen der Schweigespirale bekannt. Die Bereitschaft der Menschen, ihre Meinung öffentlich oder in einer Gruppe kund zu tun, hängt von der Einschätzung ab, ob man in der Mehrheit oder in der Minderheit ist. Aus Furcht vor Isolation neigt die Minderheit tendenziell zum Schweigen, was die Anhänger der Mehrheitsmeinung wiederum stärkt und noch lauter vernehmbar macht. (Bentele/Piwinger/Schönborn 2009)

Während bewusstes Schweigen in entsprechenden Situationen also angemessen (zum Beispiel gegenüber Trauernden), zweckvoll (zum Beispiel, wenn man sein Aussageverweigerungsrecht wahrnimmt) oder rollengemäß (zum Beispiel als Therapeut oder Anwalt) ist, kann es in anderen Situationen auch dysfunktionale Wirkungen haben. Es entfaltet dann Raum für Spekulationen und Missverständnisse. Daher lohnt es sich, einen Blick auf einige mögliche Gründe für das Schweigen zu werfen (angeregt und ergänzt nach Bönsch/Poplutz 2006):

- Schweigen wegen *innerer Unklarheit* – Ich habe die Frage oder die Themenstellung noch nicht richtig verstanden. Ich denke über die Frage nach, bin aber noch zu keinem Ergebnis gekommen. Die Frage hat etwas in mir ausgelöst, das mich beschäftigt.
- *Nachdenkliches* oder *meditatives* Schweigen – Ich suche, finde oder bin in meiner inneren Ruhe. Ich möchte das, was ich gehört habe, nachklingen lassen. Das, was in mir vorgeht, hat noch keine Worte. Ich denke nach.
- Schweigen wegen *innerer Blockiertheit* – Ich habe gerade einen Blackout. Ich verstehe nicht, worum es hier geht. Ich habe Stress. Mein Kopf ist leer. Ich merke

Panik in mir aufsteigen. In meinem Kopf rauscht es. Ich weiß nichts zu sagen. Ich bin müde, krank oder gestresst.

- Schweigen wegen *vermeintlich unpassender Beiträge* oder wegen *überhöhten Anspruchs* an den eigenen Wortbeitrag – Ich bin unsicher in dieser Gruppe. Alle anderen sind klüger, lustiger, eloquenter als ich. Es ist mir unangenehm, mich zu äußern, vor allem wenn viele Menschen im Raum sind. Der Rahmen ist sehr offiziell und steif. Mir ist wichtig, was die anderen von mir denken. Ich will mich nicht blamieren.
- Schweigen als *Intimitätsschutz* – Die Frage ist mir zu persönlich. Das Thema geht mir zu nah. Ich habe Erfahrungen gemacht, über die ich nicht sprechen möchte. Mein Gesprächsgegenüber ist mir (noch) nicht vertraut oder nicht sympathisch. Ich finde, dass das Thema hier nicht hingehört. Ich möchte mich schützen.
- Schweigen als *passiver Widerstand* – Ich sage dazu einfach gar nichts. Ich will darüber oder mit dir nicht sprechen. Wenn ich einfach nichts sage, wirst du schon merken, dass ich nicht einverstanden bin oder es mir nicht gut geht. Ich lasse den anderen kommunikativ verhungern.
- Schweigen zur *Konfliktvermeidung* – Bevor ich mich kontrovers auseinandersetze oder einen Streit verursache, halte ich lieber mit meiner Meinung hinter dem Berg.
- Schweigen als *Strafe* – Der andere soll schon merken, was er von meinem Verhalten hat. Ich entziehe ihm die Kommunikation und das Feedback. Soll er doch unter seinen Gedanken leiden. Meine einzige oder wirkungsvollste Waffe ist mein Schweigen, das ihn strafen soll. Es ist meine Form der Macht.
- Schweigen aus *Unabhängigkeit* – Ich erlebe mich nicht als Teil dieser Gruppe. Das Thema ist für mich nicht von Belang. Ich bin zwar physisch anwesend, habe aber mit dem Geschehen hier nichts zu tun.

How to do

Die intuitive, aber oft nicht die beste Reaktion auf Schweigen in Zweiergesprächen oder in Gruppen ist, selbst einfach noch mehr zu reden, bereits Gesagtes noch ein zweites Mal auszuführen und die Stille so zu überdecken. Manche Menschen neigen dazu, zu verstummen, wenn sie unsicher sind, andere sprechen gerade dann wie ein Wasserfall. Das wirkt in manchen Fällen tatsächlich anregend auf das Gegenüber, das sich dadurch seinerseits zum Reden ermuntert fühlt, meist aber verstärkt sich nur die Dysbalance der Redeanteile.

Viel nachhaltiger ist es da, sich den Gründen für das Schweigen zuzuwenden, die oft aus einem ehrenwerten Schutzbedürfnis resultieren. Dieses zu sehen und wertzuschätzen hilft zu einem gelasseneren Umgang mit Schweigen. Der andere schweigt nicht *gegen* mich, sondern er schweigt *für* sich. Lassen Sie die Entscheidung für das

Schweigen beim anderen, aber prüfen Sie gleichzeitig, wie stimmig und tragfähig der Kontakt zwischen Ihnen aktuell ist. Stimmt das Verhältnis von Nähe und Distanz? Sind die Gesprächsatmosphäre und der Gesprächskontext zuträglich und förderlich? Gibt es in Ihrer Person oder Funktion etwas, das die Gesprächssituation beeinträchtigen kann (Hierarchie, Vorgeschichte, Geschlecht, Rolle, Interessen usw.)? Sind Gesprächsteilnehmer und Thema passend zueinander?

Differenziertere Hypothesen können Sie mithilfe der obenstehenden Liste bilden und daraus die Rahmenbedingungen gegebenenfalls entsprechend modifizieren:

- Ist die Frage, die Themen- oder Aufgabenstellung angekommen und verstanden, oder ist es notwendig, sie noch einmal zu erläutern? Wissen alle, worum es geht? (Unsicherheit)
- Braucht es Zeit, damit Ihr Gesprächspartner oder die Gruppe nachdenken kann? Stimmt das Tempo? (Nachdenken, Nachklingen Lassen)
- Ist eine Pause nötig, ein Kaffee, ein bisschen Bewegung oder frische Luft? Sollte das Gespräch besser zu einem späteren Zeitpunkt geführt werden? (Blockiertheit)
- Wie kommen auch schüchterne, stille Menschen zu Wort? Haben wir ein Klima, in dem sich jeder angstfrei äußern kann? Wie kann ich jemanden ermuntern? Gibt es geeignete Sozialformen oder methodische Unterstützung (zum Beispiel Blitzlicht, Think-Pair-Share oder Murmelrunden)? Ist eine schriftliche Form, Beiträge einzuholen, nützlicher (zum Beispiel über Fragebogen, Moderationskarten)? (Anspruch an Beiträge)
- Ist das Thema dem Kontext angemessen und umgekehrt? Wird es zu persönlich? Ist der Kontakt tragfähig? Ist eine Vertrauensbasis da und gibt es eine Vereinbarung zur Verschwiegenheit? Bin ich überhaupt der richtige Gesprächspartner? (Intimitätsschutz)
- Welche Form kann es geben, Widerstände zu hören und zu integrieren? Welche Kultur herrscht im Umgang mit Teilnehmern, die anderer Meinung sind? Gibt es regelmäßige Störungsprophylaxe und regelmäßige Feedback-Runden, in denen sich Einwände früh zeigen können? (Widerstand)
- Wie gehen wir mit Konflikten um? Sind sie verpönt oder normal, haben wir in unserem System eine gute Konfliktkultur? Können Meinungsverschiedenheiten sachlich ausdiskutiert werden oder kommen wir schnell auf eine persönliche und verletzende Ebene? (Konfliktvermeidung)
- Welche Macht hat und nimmt sich der Schweiger? Inwieweit spiele ich mit und lasse mich vom Schweigen verunsichern? Wie und wann kann ich ein Stopp-Signal setzen oder dem Schweigen aus dem Weg gehen? Wie kann ich ein Angebot zur konstruktiven Besprechbarkeit machen und wie schütze ich mich selbst? (Strafe)
- Gibt es eine Passung zwischen Thema und Gesprächsteilnehmern? Ist jemand nur unbeteiligt dabei und muss / soll das so sein? Gibt es einen Kontrakt, wer warum mit wem spricht? (Unabhängigkeit)

Im Zweifel fragen Sie Ihren Gesprächspartner oder die Gruppe einfach, was hinter dem Schweigen steht und was er oder sie braucht, um gut ins Gespräch zu kommen. Erhellend kann auch das Modell der vier Seiten einer Nachricht (siehe Kap. 2.2.2 »Das Modell der vier Seiten einer Nachricht«) mit seinen Perspektiven auf die Bedeutung einer Botschaft – und Schweigen ist definitiv eine nonverbale Form, sich mitzuteilen – sein:

Auf der *Sachseite* könnten Sie Ihren Gesprächspartner bitten, zu paraphrasieren, was er bislang verstanden hat. Anstatt zu sagen »Haben Sie noch Fragen?« und damit dem Gegenüber die Initiative zu übergeben, die ihn möglicherweise überfordert, könnten Sie auch bestimmte Themen anbieten: »Ich kann mir vorstellen, dass Sie zu den Stundenverteilungen noch Fragen haben.« oder ihn gezielt einladen: »Nachdem ich Ihnen jetzt meine Sicht der Dinge geschildert habe, bin ich interessiert daran, zu hören, wie Sie die Sache sehen.«

Auf der *Selbstoffenbarungsseite* können Sie Ihre eigene Verunsicherung durch das Schweigen des anderen benennen: »Es verunsichert mich, wenn Sie dazu schweigen, weil ich nicht weiß, was von dem, das ich gesagt habe, wie bei Ihnen ankommt.« »Ich weiß Ihr Schweigen nicht recht zu deuten. Möchten Sie ein bisschen Zeit zum Nachdenken oder was brauchen Sie, damit wir gut miteinander sprechen können?«

Auf der *Beziehungsseite* können Sie die Rollen benennen, aus den heraus Sie gerade kommunizieren: »Wissen Sie, ich sage das / muss das sagen in meiner Rolle als Lehrer / Schulleiter.« »Wie sehen Sie das in Ihrer Rolle als Eltern?« Sie können auch das gemeinsame Ziel ansprechen und damit ein Wir schaffen: »Unser gemeinsames Anliegen / Ziel ist doch... Daher wäre es mir wichtig, dass Sie etwas über Ihre Sicht der Dinge erzählen.«

Und letztlich die *Appellseite*: »Dass Sie zu meinem Vorschlag schweigen, kann bedeuten, dass Sie noch darüber nachdenken oder einen anderen Vorschlag machen möchten, es kann auch bedeuten, dass Sie nicht einverstanden sind. Was geht gerade in Ihnen vor?« »Ich bitte Sie, sich zu dieser Sache zu äußern, weil Ihre Meinung wichtig ist.«

Formulierungshilfen:

Neben den oben genannten hier einige weitere Formulierungshilfen:

- Wenn Ihr Schweigen sprechen könnte, was würde es sagen?
- Wie schätzen Sie die Sache ein? Wie sehen Sie den Sachverhalt?
- Mich interessiert, was Sie dazu denken, fühlen, meinen...
- Jetzt habe ich meine Sicht der Dinge dargelegt und würde gerne hören, wie Sie die Sache sehen.
- Wenn ich einige von Ihren Gedanken lesen könnte – was stünde da?

Denken – fühlen – handeln:
- Was denken Sie dazu? Was geht Ihnen durch den Kopf?
- Was fühlen Sie? Was geht in Ihnen vor?
- Was wollen / würden Sie tun?

Nach den fünf Sinnesebenen (VAKOG):
- Wie sehen Sie die Sache? Worauf richtet sich Ihr Fokus? (visuell)
- Was hören Sie, wenn ich das so sage? Wann stellen Sie Ihre Ohren auf Durchzug? (auditiv)
- Wie fühlt sich das für Sie an? Was macht Ihnen Magenschmerzen? Wenn Sie das sagen, bekomme ich eine richtige Gänsehaut. (kinästhetisch)
- Was stinkt Ihnen? Was liegt in der Luft? (olfaktorisch)
- Was schmeckt Ihnen nicht? Das ist bitter. Wie können wir das versüßen? (gustatorisch)

Tipps gegen Tücken

Im Umgang mit Schweigen gilt wie für so vieles: Wichtig ist eine gute Balance. Lassen Sie sich durch Schweigen nicht allzu verunsichern, sondern sprechen Sie es beizeiten an, wenn es die Kommunikation hindert. Machen Sie aber auch nicht bei jeder Zurückhaltung oder ausbleibenden Reaktion direkt ein großes Fass auf. Sicher haben Sie sich auch in der ein oder anderen Situation in einem der Gründe für Schweigen wiedererkannt.

Übernehmen Sie nicht die alleinige Verantwortung für den Verlauf des Gesprächs, sondern machen Sie sich und Ihrem Gegenüber deutlich, dass beide Seiten Ihren Teil dazu beitragen müssen, damit Kommunikation gelingt. Seien Sie aufmerksam für die möglichen Gründe und fördern Sie nicht die Stabilisierung von Passivität (siehe Kap. 3.11 »›Ich kann doch nichts dafür... und eigentlich ist es doch auch gar nicht schlimm...‹ – Spielarten der Passivität«).

Das Wichtigste in Kürze

- Unterscheiden Sie Gesprächspausen und nachdenkliches Schweigen von einem beredten, begründeten Schweigen.
- Schweigen kann eine Information darüber sein, dass Sie etwas (noch) nicht beachtet oder verstanden haben. Es kann in einem Schutzbedürfnis des/der Schweigenden begründet sein.
- Überprüfen Sie, ob Rahmenbedingungen verändert werden müssen, um Abhilfe zu schaffen.

- Wenn das Schweigen Sie nachhaltig verunsichert und den Fortgang des Gesprächs behindert, thematisieren Sie es und fragen nach dem Grund dafür (ohne Vorwürfe zu machen oder Ihren Gesprächspartner zu bedrängen).
- Übernehmen Sie nicht die Verantwortung für Passivität oder Bequemlichkeit.

3.11 »Ich kann doch nichts dafür ... und eigentlich ist es doch auch gar nicht schlimm ...« – Spielarten der Passivität

Zum Beispiel

- Sie haben die Eltern eines Schülers schon mehrfach auf sein auffälliges Sozialverhalten angesprochen, mit ihnen über ihren Erziehungsauftrag gesprochen und sie gebeten, dem Kind auch Zuhause Grenzen zu setzen. Die Eltern argumentieren, sie würden ihren Sohn zwar ermahnen, er höre aber einfach nicht auf sie und sie könnten nichts machen.
- In Ihrer Fachkonferenz gibt es einen Kollegen, der sich partout nicht an die gemeinsamen Absprachen hält. Darauf angesprochen nimmt er Ihre Hinweise oder Kritik zwar zur Kenntnis, ändert aber an seinem Verhalten nichts.
- Ein Referendar mit Schwierigkeiten in der Ausbildung entwickelt keinerlei eigene Idee für seinen Unterricht. Wenn Sie ihm einen Vorschlag machen, setzt er ihn schematisch um und verweist, wenn es nicht klappt, lediglich hilflos darauf, es sei ja Ihre Idee gewesen.
- Ein Kollege nimmt seine Pausenaufsicht häufig nicht wahr. Darauf angesprochen sagt er, es sei doch nicht schlimm, es sei doch gar nichts passiert.

Theoretischer Hintergrund

Passivität kann sich in verschiedenen Verhaltensweisen zeigen. Nichts oder etwas nicht zu tun ist nur eine davon. Andere Spielarten sind sogenanntes agitiertes Verhalten, d. h. ein Aktionismus, der aber nicht auf das Thema ausgerichtet ist, oder ein überangepasstes Verhalten, das durch mangelnde Verantwortungsübernahme passiv bleibt. Auch tangentiale Transaktionen, also Scheinantworten, die nicht den Kern der Frage betreffen, oder blockierende Transaktionen, in denen die Gesprächsgrundlage und -Berechtigung grundsätzlich angezweifelt werden (»Was geht Sie das an?«) sind Formen von Passivität, ebenso wie Grandiositäten (positive oder negative Übertreibungen der Realität: »immer«, »alle«, »nie«). Gewalt führt ebenfalls in die Passivität, und zwar dann, wenn sie darauf hinausläuft, sich oder andere unfähig zu machen, ein Problem zu lösen. Hierzu gehören hierzu auch die Formen von Autoaggression, selbstverletzendem Verhalten, sowie wiederholte unbewusst in die Passivität versetzende psychosomatische Symptome (Gührs/Nowak 2002, S. 187 f.).

Nicht nur in ihren Erscheinungsformen, auch hinsichtlich ihres Bezugspunktes kann Passivität sich unterschiedlich äußern (Stewart/Joines 2010):

- Jemand bleibt passiv, indem er die *Existenz* eines Problems leugnet. Wo nichts im Argen liegt, gibt es auch keinen Handlungsbedarf, die Person hat kein Problembewusstsein. – Das ist doch kein Problem!
- Jemand bleibt passiv, indem er die *Bedeutsamkeit* des Problems leugnet oder bagatellisiert. Oft wird dem Gegenüber gleichzeitig empfohlen, sich ebenfalls nicht so aufzuregen und mal Fünfe gerade sein zu lassen. – Das ist doch nicht schlimm!
- Jemand bleibt passiv, indem er die *Veränderbarkeit* eines Problems leugnet. Diese Menschen sind oft Klagende, die durchaus die Schwierigkeit einer Situation sehen, aber lieber leiden statt etwas zu ändern. – Das ist halt so!
- Jemand bleibt passiv, indem er durchaus eine theoretische Möglichkeit der Veränderbarkeit sieht, aber seine *persönlichen Fähigkeiten* dazu in Abrede stellt. Dem liegen oft ein, zumindest in Bezug auf die Thematik, geringes Selbstwertgefühl und eine geringe Überzeugung der eigenen Selbstwirksamkeit zugrunde, verbunden mit einer stabilen Attribution (»Ich war ja schon als Kind so unsportlich.« »Ich als dreifache Mutter kann ja auf keinen Fall...«). – Daran kann ich doch nichts ändern!

Am weitesten von einer konstruktiven Lösung sind die Menschen entfernt, die nicht einmal die Stimuli wahrnehmen, die auf Probleme hinweisen: Der Klassenlehrer, der aus allen Wolken fällt, als er erfährt, dass es in seiner Klasse mehrere Fälle von Mobbing gibt. Die Eltern, denen die Wesensveränderung und starke Gewichtsabnahme ihrer Tochter angeblich nicht aufgefallen ist. Der Schulleiter, der nicht wahrnimmt, wie schlecht die Stimmung im Kollegium eigentlich ist.

Es stellt für die Personen eine gewisse Entlastung dar, die Bedeutung oder gar Existenz des Problems zu leugnen, führt aber auch immer weiter von der aus dem Erwachsenen-Ich wahrnehmbaren Realität weg. Auf dem Weg zu einer konstruktiven Lösung kann nur der sein, der das Problem und seine Bedeutung wahrnimmt, ein Bewusstsein von der Veränderbarkeit hat und seinen eigenen Beitrag dazu leistet.

Menschen, die das nicht tun, ziehen sich oft auf verschiedene Begründungen zurück, die letztlich nicht mehr sind als Ausreden, sich keiner Verantwortung stellen zu müssen. Nach Marshall Rosenberg sind das zum Beispiel folgende (Rosenberg 2010, S. 39):

- ein Verweis auf vage, unpersönliche Mächte (»Ich musste es einfach tun.«)
- ein Zustand, eine Diagnose, die persönliche oder psychologische Geschichte (»Ich trinke, weil ich Alkoholiker bin.«)

- die Handlungen anderer (»Ich habe ihn geschlagen, weil er mich beleidigt hat.«)
- das Diktat einer Autorität (»Weil der Chef es angeordnet hat.«)
- Gruppendruck (»Weil alle meine Freunde das tun.«)
- institutionelle Politik, Regeln, Vorschriften (»Ich muss dich von der Schule verweisen, so sind die Vorschriften.«)
- Geschlechterrollen, soziale Rollen oder Altersrollen (»Ich hasse es, zur Arbeit zu gehen, aber ich muss es tun, ich bin Ehemann und Vater.«)
- unkontrollierbare Impulse (»Ich wurde von meinem Verlangen nach Schokolade überwältigt, da kann ich einfach nicht widerstehen.«)

Virginia Satir vertrat die Ansicht, dass etwa 50% der Menschen zu einem solchen Verhalten, das sie Beschwichtigen nennt, neigen. Als Grund dafür sieht sie den Wunsch, gefällig zu sein und den anderen nicht wütend zu machen indem man sich hilflos verhält, oft gepaart mit dem Versuch, sich einzuschmeicheln und eine Art Welpenbonus für sich in Anspruch zu nehmen. (Satir 2010, S. 123) Die erkennbare innere Überzeugung der Beschwichtiger lautet dann: »Ich bin nicht okay und du bist okay«.

Besonders schwierig wird der Umgang mit diesen Menschen, wenn aus der vermeintlichen Schwäche und Hilflosigkeit Macht und Manipulation resultieren. Sie schaffen oft starke Abhängigkeiten und machen dem Gegenüber ein schlechtes Gewissen, wenn sich jemand erlaubt, ihnen etwas zu abzuverlangen. Im Umgang mit ihnen stehen wir vor der Herausforderung, einerseits die eigene Unabhängigkeit zu bewahren und sich nicht in eine dysfunktionale Beziehung verwickeln zu lassen, andererseits deren Problembewusstsein anzuregen und bestenfalls Impulse zu geben, die eigenen Ressourcen zu aktivieren und sich aus der Passivität zu lösen.

How to do

In der Kommunikation mit passiven Gesprächspartnern sollten Sie auf der Ebene des Problembewusstseins (Leugnung der Existenz, Lösbarkeit oder (eigenen) Veränderbarkeit des Problems) ansetzen, auf der Ihr Gegenüber argumentiert. Es hat keinen Sinn, Lösungsmöglichkeiten oder gar Schritte persönlicher Veränderung anzusprechen, wenn Ihr Gegenüber das Problem als solches oder seine Bedeutung noch nicht einmal wahrnimmt. Erst wenn das Problem erkannt und als bedeutsam anerkannt ist und wenn Verhaltensalternativen in Betracht gezogen werden, ist die Zeit reif, über Lösungen nachzudenken.

Machen Sie Ihren Gesprächspartner zunächst auf die Aspekte aufmerksam, die er auf der jeweiligen Stufe ausblendet, überfordern Sie ihn nicht. Wenn die Diskrepanz zwischen dem offensichtlichen Problem und dem Problembewusstsein zu groß ist, prüfen Sie, ob Sie das Gespräch wirklich weiterführen wollen. (nach Gührs/Nowak 2002, S. 182 ff.)

Folgende Interventionen können Sie versuchen, um das Problembewusstsein Ihres Gesprächspartners zu fördern (Gührs/Nowak 2002, S. 244 f.):

- Beschreiben Sie das Problem ein weiteres Mal. Sagen Sie ruhig und klar aus Ihrem Erwachsenen-Ich-Zustand, worum es Ihnen geht.
- Bieten Sie eine Identifikation an (»Wenn ich du wäre…«). Durch dieses Angebot können Sie Ihrem Gegenüber ermöglichen, es zuzulassen, ein Gefühl bei sich selbst wahrzunehmen.
- Fordern Sie zu einem Perspektivwechsel auf (»Was würdest du an meiner Stelle tun / denken?«). Geben Sie Ihrem Gegenüber dabei Zeit, sich wirklich auf eine andere Perspektive einzulassen. Nutzen Sie die Frage nicht nur als rhetorische Floskel, um anschließend direkt Ihre eigene Sicht mitzuteilen.
- Bieten Sie eine Interpretation an (»Ich vermute, der Grund für Ihr Verhalten könnte sein…«). Signalisieren Sie Verständnis, aber vermeiden Sie Unterstellungen, Etikettierungen und unangebrachte psychologisierende Diagnosen. Bieten Sie Ihre Interpretation als eine mögliche Hypothese an.
- Legen Sie unausgesprochene Aussagen offen (»Heißt das, dass alle anderen sich irren und nur Sie die Dinge richtig sehen?«). Versuchen Sie, die Botschaft hinter den Ausführungen zu fokussieren und konfrontieren Sie Ihr Gegenüber damit.
- Zeigen Sie mögliche Konsequenzen auf. Machen Sie Ihrem Gegenüber auf sachliche, informative Weise deutlich, welche Folgen sein Verhalten haben wird. Drohen Sie nicht, aber seien Sie konsequent in der Umsetzung, wenn Sie etwas angekündigt haben.

Formulierungshilfen

- Ich merke, dass wir die Situation sehr unterschiedlich einschätzen. Aus meiner Sicht ist sie sehr wohl problematisch. Ich würde dir gerne sagen, warum ich das so sehe.
- Du findest die Angelegenheit gar nicht schwierig, ich sehr wohl. Wir müssen wohl gegenseitig zuerst einmal anerkennen, dass wir unterschiedliche Menschen mit unterschiedlichen Einschätzungen sind. Ich würde dir gerne sage, was mir wichtig ist…
- Du siehst also die Situation durchaus, bist aber der Meinung, dass sie keine Gefahr für dich darstellt?
- Ich verstehe, dass die Situation aus deiner Sicht keine Gefahr darstellt. Ich möchte dir aber gerne aufzeigen, welche Folgen es meiner Meinung nach haben wird, wenn sich nichts ändert.

- Wenn du in meiner Position wärst – was würdest du dann über die Sache denken und empfinden?
- Ist es wirklich so, dass die Situation nicht veränderbar ist, oder denken Sie, dass Ihnen nur die Ressourcen fehlen, Sie zu ändern.
- Mal angenommen, die Situation wäre doch änderbar. Würden Sie das wollen?
- Haben Sie eine Idee, was Sie noch ausprobieren könnten, wenn das eine nicht funktioniert? Sind Sie interessiert, dass wir gemeinsam Ideen entwickeln?
- Auf einer Skala von 0 bis 10 – wie hoch ist Ihre Bereitschaft, sich für die Veränderung einzusetzen? Welchen Preis sind Sie bereit, dafür zu zahlen?
- Ich habe den Eindruck, dass du dich sehr auf mich verlässt. Das ehrt mich einerseits, andererseits möchte und kann ich nicht die Verantwortung für dein Handeln übernehmen; das kannst nur du alleine tun.
- Ich habe den Eindruck, dass Sie sehr wohl etwas ändern könnten, aber dass es eher so ist, dass Sie das nicht möchten. Ich würde gerne Ihre Gründe dafür verstehen.
- Ich finde, das ist schon eine sehr gute Idee. Ich möchte Sie ermutigen, damit anzufangen. Was könnte denn der erste konkrete Schritt sein?
- Welche Unterstützung brauchen Sie, damit Sie das alleine hinbekommen?

Tipps gegen Tücken

Menschen, die sich sehr passiv verhalten, erleben sich stark in ihrem angepassten oder auch ihrem rebellischen Kind-Ich-Anteil. Sie geben sich hilflos und unfrei und zeigen sich nicht in der Lage, Lösungsmöglichkeiten, Kreativität und Aktivität zu entwickeln. Seien Sie vorsichtig, dieses Verhalten kann eine Einladung in eine Dramakommunikation sein (siehe Kap.2.2.1 »Die Transaktionsanalyse - Das Drama-Dreieck«), die bevorzugt Gesprächspartner mit einem hohen fürsorglich-nährenden Anteil annehmen. Es können sich daraus Symbiosen zwischen den beiden Partnern entwickeln, die die Passivität stabilisieren. Während der eine in seinem Kind-Ich bleibt, verwirklicht der andere den Eltern-Anteil und den Erwachsenen-Anteil. Der eine Partner kann so in seiner Passivität und Verantwortungslosigkeit für die Sache bleiben und sorgt gleichermaßen für eine enge Bindung des anderen Partners. Dieser fühlt sich gut und bestätigt, weil seine Hilfe und sein Rat gebraucht werden. Beide geraten in ein gegenseitiges Abhängigkeitsverhältnis, das in manchen Beziehungen lange einvernehmlich funktioniert, dann aber zerschlagen wird, wenn entweder der passive Teil sich irgendwann löst und emanzipiert oder der fürsorgliche Teil sich ausgenutzt fühlt und nicht weiter Arbeit und Verantwortung für zwei übernehmen will.

Ein rechtzeitiger Ausweg aus solch einem symbiotischen Verhältnis kann durch die deutliche Aktivierung des Erwachsenen-Zustandes auf beiden Seiten gelingen, einhergehend mit einer Rollen- und Aufgabenklärung. Beide Partner sind dabei herausgefordert, ihren Eltern- bzw. Kind-Ich-Zustand zurück zu stellen, wobei die Initiative dazu vom aktiveren Part ausgehen wird, der sein Erwachsenen-Ich in der Interaktion bereits mit verwirklicht.

Lässt sich der passive Part nicht darauf ein und versucht, durch hartnäckiges Verharren im angepassten Kind-Ich-Zustand den aktiven Partner in der Verantwortung zu halten, kann manchmal nur eine Form einer paradoxen Intervention helfen: Entziehen Sie dem passiven Partner ganz bewusst nicht den Kontakt, aber Ihre Aufmerksamkeit für die Angelegenheit. Gibt er sich hilf- und ideenlos, tun Sie es ihm gleich und bieten Sie von sich aus keine Lösung an. Wenn Ihr Gesprächspartner merkt, dass er selbst verantwortlich für seine Problemlösungen sein muss, könnte das ein Anstoß sein, in die Aktivität zu kommen – oder aber er sucht sich in dieser Sache einen anderen Partner für eine neue Symbiose.

Auch wenn Sie merken, dass Sie dabei sind, in ein »Ja-Aber-Spiel« verstrickt zu werden, ist es einen Versuch wert, die Aktivität bewusst einzustellen. In einer Situation, in der Sie Vorschlag über Vorschlag, machen, Ihr Gegenüber aber stets mit Einwänden nach dem Muster »Guter Vorschlag, aber...« reagiert, sollen Sie den Ball zurückspielen: »Ich merke, dass dir meine Vorschläge nicht gefallen. Was schlägst du denn vor?« Kommt dann statt eigener Ideen eine Reaktion in der Art »Das weiß ich auch nicht, aber so wie du das vorschlägst, geht es auf keinen Fall.« hüten Sie sich davor, sich noch mehr anzustrengen (es sei denn, die Sache liegt Ihnen so sehr am Herzen, dass Sie das in Kauf nehmen möchten), sondern spielen Sie versuchsweise die Passivität mit: »Du hast recht, es ist wirklich schwierig. Mehr Ideen habe ich auch nicht. Da können wir wohl nichts machen...«. Diese Strategie ist kein Allheilmittel, aber allemal eine Durchbrechung eines dysfunktionalen Musters.

Immer dann, wenn Sie den Eindruck haben, dass Sie mehr für die Lösung der Probleme des anderen arbeiten als diese selbst, merken Sie auf und schauen Sie, ob es sich um eine tatsächliche Notsituation handelt, oder ob Sie sich gerade dabei sind, sich verwickeln zu lassen.

Das Wichtigste in Kürze

- Passivität zeigt sich nicht unbedingt in Schweigen oder Nichtstun, sondern kann in unterschiedlichen Spielarten auftreten (agitiertes Verhalten, tangentiale Transaktionen, Grandiositäten, Gewalt).
- Um passiv zu bleiben, kann die Existenz, die Bedeutsamkeit, die Veränderbarkeit oder der eigene Einfluss auf ein Problem geleugnet werden.
- Passivität schützt vor Verantwortungsübernahme. Dahinter steht oft eine Haltung des »Ich bin nicht okay«.

- Um Passivität zu hinterfragen, schließen Sie an die Logik des Passiven an und versuchen Sie, sein Problembewusstsein zu fördern.
- Arbeiten Sie wertschätzend und ressourcenorientiert. Werten Sie auch kleine Ansätze von Reflexion und Aktivität nicht ab, sondern unterstützen und fördern Sie sie.
- Vermeiden Sie Symbiosen, die den passiven Partner im Kind-Ich-Zustand lassen.
- Lassen Sie sich Ihre Sicht und Deutung der Welt nicht ausreden (»Das ist doch kein Problem, jetzt reg dich nicht so auf.«), seien Sie sich aber bewusst, dass andere Menschen andere Wahrnehmungen haben.
- Ändern Sie den Kontext und Ihr eigenes Verhalten als Impuls, den passiven Menschen zur eigenen Aktivität zu ermuntern.

3.12 »Zum Thema bitte« – Ablenker, Ausweicher, Sprunghafte

Zum Beispiel

- Sie führen ein Kritikgespräch mit einem Kollegen. Dabei bemerken Sie, dass er nur mit einem Ohr zuhört. Seine Reaktionen lenken vom eigentlichen Thema ab und beziehen sich auf etwas ganz anderes.
- Ihr Gegenüber ist nur mit halber Aufmerksamkeit bei Ihnen. Sein Blick geht immer wieder auf das Handy, den Laptop, die Smartwatch.
- Sie möchten mit einer Kollegin in Ruhe einen Sachverhalt klären. Wann immer Sie das Gespräch suchen, ist sie gehetzt und auf dem Sprung.
- Sie möchten ein Einzelgespräch mit einem Schüler führen. Er sitzt schon sichtbar unruhig auf seinem Stuhl, spielt mit Gegenständen, weicht Ihrem Blick aus und ist gedanklich schon aus der Tür. Auf Ihre Fragen reagiert er einsilbig und ausweichend.

Vorbemerkungen

Bei Kindern spricht man schnell von ADHS, wenn sie unruhig sind und sich nicht gut konzentrieren können. Aber auch manche Erwachsene zeigen in Gesprächen ein fahriges Verhalten, sind inhaltlich sprunghaft, lassen sich nicht auf das Thema ein und sind körperlich zappelig. Das kann entweder mit ihrer eigenen Disposition, innerer Unruhe, akutem oder chronischem Stress zu tun haben. Es kann aber auch sein, dass dieses Verhalten eine Reaktion ist, die sich speziell in unangenehmen Gesprächssituationen zeigt und eine Art Fluchtverhalten darstellt. Wie ein kleines Kind, das sich die Hände vor die Augen hält und meint, dadurch versteckt zu sein, ist das Ausweichen dann der Versuch, sich einer unangenehmen Situation zu entziehen.

Theoretischer Hintergrund

Ausweichen ist eine Form von Passivität, und zwar durch sogenanntes agitiertes, unruhiges Verhalten. Äußerlich oder verbal hochaktiv bleibt die Person dabei in Bezug auf die inhaltliche Auseinandersetzung mit dem Gesprächsgegenstand passiv. Vergleichbar ist das mit dem Phänomen der sogenannten Prokrastination, oder umgangssprachlich Aufschieberitis, in alle möglichen Aktivitäten zu verfallen um die eigentliche, unangenehme Aufgabe so lange wie möglich vor sich her zu schieben und sich ihr nicht stellen zu müssen.

Der Ausweicher, wie Virginia Satir ihn beschreibt (Satir 2010), wirkt oft wie jemand, der die Dinge einfach nicht so ernst nimmt, innerlich fühlt er sich aber oft benommen. Der Erleichterung, dem Thema auszuweichen, folgen oft Einsamkeit und Sinnlosigkeit. Der Ausweicher flieht damit nicht nur vor dem unangenehmen Thema oder vor der Auseinandersetzung mit dem Gesprächspartner, er flieht letztlich vor sich selbst und davor, sich selbstbewusst und im Zugriff auf seine Stärken und Ressourcen einer schwierigen Situation zu stellen. Da aber in der Regel nur aus ihrer Bewältigung neue Erfahrungen und neue Stärke wachsen, gerät der Ausweicher in einer Spirale, die seinen Selbstwert weiter und weiter schwächt. Die Erleichterung darüber, sich der Situation entzogen zu haben, ist oft nur von begrenzter Dauer. (Satir 2010, S.127 f.)

Andererseits wird der Ausweicher manches Mal auch die Erfahrung gemacht haben, dass sich die Dinge durch sein Verhalten von selbst regeln, der Ärger seines Gegenübers verpufft oder sein Kritiker nach missglückten Gesprächsversuchen aufgibt. Durch diese Erfolgsstrategie verteidigt der Ausweicher das, was er für Freiheit hält, und schützt sich davor, Dinge an oder für sich selbst ändern zu müssen.

Eine subtilere, aber nicht minder wirkungsvolle Variante des Ausweichens ist das sogenannte Redefinieren. Auf eine Frage wird nur scheinbar geantwortet, auf eine Bemerkung nur scheinbar reagiert. In Wirklichkeit führt die Reaktion aber vom eigentlich Gemeinten weg und versucht, den Kern der Äußerung umzulenken: Auf die Frage »Wie geht es dir heute?« antworten Ausweicher wahlweise mit: »Wie soll es mir schon gehen?« / »Man tut, was man kann.« / »Es ging mit schonmal besser.« / »Mal so mal so.« / »Ich glaube, mit der Klimaanlage stimmt etwas nicht.« / »Schlechten Leuten geht's immer gut.« oder auf die Frage: »Was brauchst du, um diese Aufgabe zu lösen?« antworten sie: »Ich gebe mir Mühe.« / »Die anderen haben es auch nicht verstanden.« / »Wir schaffen das schon.« / »Das ist sowieso viel zu viel.« / »Wie soll man sich bei der Hitze konzentrieren können?« / »Ich weiß gar nicht, warum wir das machen müssen.« / Warum muss ich eigentlich immer diese blöden Aufgaben bekommen?« (Gührs/ Nowak 2013, S. 197). In Ruhe betrachtet ist schnell erkennbar, dass keine dieser Entgegnungen wirklich auf die Frage antwortet, im Eifer des Gesprächs steigen wir aber leicht darauf, wenn wir nicht genau hinhören und nicht fokussiert bei unserem Anliegen bleiben.

Andere Strategien des Ausweicher-Verhaltens sind zum Beispiel, abrupt mit einem anderen Thema zu beginnen, mitten im Gespräch aufzustehen, um etwas anderes zu tun, sich schnell und gerne von Vorgängen im Raum oder Nachrichten auf dem Handy ablenken zu lassen, es stets eilig zu haben und auf dem Sprung zu sein oder die Gesprächsführung an sich zu reißen und auf ein anderes Thema zu lenken mit Einlassungen wie »Ach, da wir gerade sprechen, ich wollte dich doch noch fragen...«.

Die Varianten dieses Flucht-Verhaltens zeigen sich um so deutlicher, um so bedrohlicher die Situation wahrgenommen wird und um so mehr Stress sie im Ausweicher auslöst. Der Anlass dafür kann sogar ein scheinbar positiver sein: So zeigen sich ähnliche Reaktionen zum Beispiel auch dann, wenn Menschen durch Lob oder Aufmerksamkeit in Verlegenheit geraten.

How to do

Im Umgang mit Ausweichern kann ein erster Schritt das Herstellen von Sicherheit und Vertrauen sein, was konsequent ist, wenn wir davon ausgehen, dass ihr Verhalten aus einer als bedrohlich und verunsichernd wahrgenommenen Situation resultiert. Dazu braucht es neben dem persönlichen Kontakt auch einen verlässlichen zeitlichen und thematischen Rahmen für ein Gespräch. Gehen Sie dabei nach dem Prinzip »Weniger ist mehr« vor. Besser es gelingt, in einem kurzen Gespräch einen einzigen Aspekt zu klären, als dass Sie zu viel wollen und die Situation dadurch ausfranst. Signalisieren Sie deutlich Ihre Grundhaltung »Ich bin okay, du bist okay.«, loben und bestärken Sie Ihr Gegenüber aufrichtig für das, was Sie an seinem Verhalten schätzen können.

Mindern Sie in der Gestaltung des Settings die Außenreize. Wählen Sie einen ruhigen Raum und einen Termin, zu dem Sie beide wirklich ungestört die vereinbarte Zeit haben, und seien es nur einige Minuten. Die große Pause in einem vollen Schultag ist dazu oft ungeeignet, vereinbaren Sie sich besser für eine Freistunde oder eine Randzeit des Tages. Wählen Sie einen Raum, der wenig Ablenkung bietet, etwa durch herumliegende unnötige Materialien, Bücher, Requisiten oder Prospekte, lassen Sie Handy und Laptop draußen oder in der Tasche, wenn Sie es nicht benötigen. Platzieren Sie sich so, dass Ihr Gegenüber nicht vom Treiben vor dem Fenster oder vom Eichhörnchen im Baum abgelenkt wird, wählen Sie möglichst stabile Stühle, die nicht kippeln oder quietschen und sorgen Sie für ein angenehmes, störungsfreies Raumklima ohne Sonnenblendung, Windzug etc.

Ausweicher können durch Struktur und viele Mini-Kontakte, kleine Verabredungen und Vereinbarungen, durch das Gespräch begleitet werden. Holen Sie dabei kleinschrittig das Einverständnis des Gegenübers ein und bieten Sie ihm auch mögliche Alternativen an, zwischen denen er wählen kann. Das schafft Sicherheit, Transparenz und eine Struktur, auf die Sie sich im weiteren Verlauf des Gesprächs immer wieder berufen können. Wenn Sie die Dauer des Gesprächs, das Thema und die Sprechreihenfolge festgelegt haben, können Sie auf diese gemeinsame Vereinbarung zurückverweisen (siehe Formulierungshilfen). Achtung, vermeiden Sie, ironisch oder oberlehrerhaft zu wirken, sondern klären Sie den Rahmen als gemeinsame Versicherung über den Gesprächsverlauf.

Formulieren Sie klare Botschaften, machen Sie keine umschweifenden Ausführungen, die eine lange Aufmerksamkeitsspanne erfordern und verlangen, dass ihr Gegenüber zwischen den Zeilen lesen muss, sprechen Sie in prägnanten Sätzen. Bleiben Sie beharrlich am Thema und wiederholen Sie sich notfalls geduldig ein zweites oder drittes Mal. Wenn Sie Ihre Formulierung in der Wiederholung verändern, sollten Sie sie eher vereinfachen, keinesfalls komplexer werden lassen oder einfach lauter sprechen, wie manche Leute es tun, wenn Sie mit fremdsprachlichen Mitmenschen zu tun haben.

Wenn Sie den Eindruck haben, dass Sie Redefinitionen oder nur halbe Antworten bekommen, können Sie explizit noch einmal nachfragen: Was denkst du? (Kognition) / Was fühlst du? (Emotion) / Was tust du / willst du tun? (Handeln). Ein Vorbild können hier gute Journalisten und Interviewpartner sein, die sich einerseits auf den Gesprächspartner einlassen und gleichzeitig beharrlich am Thema bleiben.

Thematisieren Sie gegebenenfalls die unterschiedlichen Bezugsrahmen und fragen sie nach, aus welchen Gründen Ihr Gesprächspartner sich zu etwas nicht äußern will. Stellt sich dabei heraus, dass er grundsätzlich kein Interesse daran hat, mit Ihnen zu kommunizieren, sollten Sie das Gespräch beizeiten abbrechen anstatt weiter zu insistieren und verbal gegen eine Wand zu laufen. Gibt es etwas, das er unbedingt zur Kenntnis nehmen muss, etwa aus dienstrechtlichen Gründen, wählen Sie einen anderen Weg zum Beispiel der schriftlichen Mitteilung.

Ist das Gespräch hingegen gut verlaufen, dürfen Sie sich ruhig explizit dafür bedanken – wenn Ihr Gegenüber eigentlich ein Ausweicher ist, wird es ihn eine Menge Energie gekostet haben, fokussiert und themenbezogen mit Ihnen zu sprechen.

Formulierungshilfen

Minikontrakte:

- Ich möchte mit dir zehn Minuten über die letzte Konferenz sprechen. Passt es dir jetzt oder lieber zu einem anderen Zeitpunkt?
- Für das, was wir zu besprechen haben, brauche ich deine ungeteilte Aufmerksamkeit. Mich irritiert, wenn du dabei parallel auf die Nachrichten auf deinem Handy schaust. Erwartest du eine wichtige Mitteilung, sollten wir uns lieber zu einem anderen Zeitpunkt verabreden?
- Ich schlage vor, dass jetzt zunächst ich sage, wie sich die Situation für mich dargestellt hat, dann sagst du deine Wahrnehmung und dann suchen wir gemeinsam nach einer Lösung. Ist das so okay für dich?

Wahrnehmungsabgleich:

- Gestern ist ... geschehen. Sehe ich das richtig? Das hatte ... zur Folge. Ist dir das bewusst? Dadurch fühle ich mich .... Deshalb möchte ich .... Bist du damit einverstanden? Haben wir uns verstanden? (in sachlichem Ton, nicht drohend).

bei Redefinitionen (nach Gührs/Nowak 2006, S. 199):

- Meine Frage war... Der Punkt, um den es mir geht, ist... Ich möchte noch einmal auf meine Frage zurückkommen...
- Sie haben meine Frage noch nicht beantwortet. Es ist mir wichtig, von Ihnen zu erfahren...Sagen Sie mir bitte direkt, wenn Sie etwas stört...
- Mir fällt auf, dass Sie anders auf die Frage / das Thema reagiert haben, als ich es erwartet habe... Was verbinden Sie mit...?

Tipps gegen Tücken

Die Unruhe von Ausweichern überträgt sich leicht und es ist zu beobachten, wie das gesamte Tempo eines Gesprächs zunimmt, immer schneller und hektischer geredet und gestikuliert wird. Vermeiden Sie, sich mitreißen zu lassen, atmen Sie tief durch und beruhigen Sie die Dynamik der Situation. Üben Sie sich in Geduld und Übersicht.

Die angebotenen Mini-Kontrakte zu Zeit, Gesprächsverhalten und Gesprächsverlauf sollten Sie, das sei noch einmal betont, nicht ironisierend oder belehrend einholen, sondern in Form und Haltung einer gemeinsamen Verabredung. Wenn Sie das Gefühl haben, dass Ihr Gegenüber nur halbherzig zustimmt, haken Sie nach: »Bei mir kommt ein »Jein« an. Bist du sicher, dass es jetzt passt?« Lassen Sie sich aber nicht unendlich vertrösten, wenn Ihr Gegenüber dem Gespräch ganz ausweichen will. In einer Situation großer Unruhe und gegen die Zustimmung des

Gesprächspartners werden Sie jedoch keinen Erfolg haben. Daher: Besser ein Gespräch vertagen, als es unzufriedenstellend führen.

Das Wichtigste in Kürze

- Machen Sie sich bewusst, dass das Ausweichen keine Böswilligkeit Ihnen gegenüber, sondern Ausdruck eines Fluchtbedürfnisses ist.
- Binden Sie Ausweicher durch Mini-Kontrakte zum Setting und den Verlauf des Gesprächs.
- Halten Sie das Gespräch so kurz wie von der Sache her möglich. Setzen Sie gegebenenfalls besser zwei oder mehrere Gesprächstermine, anstatt die Aufmerksamkeitsspanne Ihres Gegenübers überzustrapazieren.
- Schaffen Sie Vertrauen, halten Sie sich Ihrerseits unbedingt an die Absprachen.
- Lassen Sie sich von Unruhe, Hektik oder Sprunghaftigkeit nicht anstecken, sondern bleiben Sie ruhig bei Ihrem Thema.
- Stellen Sie wichtige Fragen gegebenenfalls auch ein zweites oder drittes Mal, wenn sie nicht beantwortet wurden. Tun Sie das geduldig-interessiert, keinesfalls drohend oder wie in einem Verhör.
- Sagen Sie, warum Ihnen die Aufmerksamkeit Ihres Gesprächspartners und das Thema wichtig sind.
- Bringen Sie situationsgerecht ehrlich gemeinte Wertschätzung, Lob und Anerkennung zum Ausdruck.

3.13 »Rein sachlich betrachtet...« – Die Balance zwischen Inhalts- und Beziehungsebene

Zum Beispiel

- Jemand hat Sie in einer Diskussion durch Äußerungen persönlich angegriffen und Sie möchten in einem Kritikgespräch Ihren Ärger ausdrücken. Ihr Gegenüber zeigt aber kein Verständnis für Ihre Emotion und fängt an, das Thema mit Ihnen erneut auf der Sachebene zu diskutieren.
- Ihr Schulleiter lehnt Ihre Anträge auf Fortbildung / Budget / Stundenzuteilung / Teilzeit o.ä. zum wiederholten Mal ab, stets mit Verweis auf sachliche Gründe und Verordnungen. Da Sie sich für die Schule auch über den Unterricht hinaus sehr engagieren, sind Sie enttäuscht, dass er vorhandene Entscheidungsspielräume nicht nutzt. Für Sie haben seine Entscheidungen auch etwas mit Wertschätzung zu tun. Er aber argumentiert nur von der Sache her.

- Sie arbeiten im Team mit einem Kollegen zusammen, der ein sehr emotionsgeleiteter Mensch ist. Zu besprechende Themen und gemeinsame Aufgaben werden stets sehr persönlich entweder mit flammender Begeisterung oder mit trotziger Ablehnung diskutiert. Sie wünschen sich, auch einfach mal kurze, sachliche Absprachen treffen zu können, ohne lange über ihre Befindlichkeiten und ihr Privatleben sprechen zu müssen.

Vorbemerkungen

»Gute Kommunikation, bei der wir uns als ganzer Mensch einem anderen Menschen zuwenden, beinhaltet immer auch, dass wir uns emotional öffnen und den anderen teilhaben lassen an dem, was uns bewegt. [...] Wenn die Beziehung hergestellt ist, – wenn die »Verbindung steht« – ist auch die sachbezogene Kommunikation leicht und in der Regel problemlos möglich.« (Assländer/Grün 2006, S. 41)

In welcher Mischung aus Sachbezogenheit und Emotionalität wir bevorzugt kommunizieren, hängt einerseits vom Kontext, vom Thema und vom jeweiligen Gegenüber ab, es hat aber entscheidend auch mit unserem jeweiligen Persönlichkeitstyp und mit unserer Vorstellung von rollenbezogenem Verhalten zu tun. Mancher strebt nach dem Ideal, möglichst sach- und zielbezogen zu sein und dabei als Person möglichst unangreifbar und unverletzlich zu bleiben. Die Vorstellung von Professionalität lautet dann, aufkommende Emotionen so weit wie möglich aus beruflichen Gesprächen heraus zu halten.

Menschen, die dominant auf der Sachebene denken und sprechen, beeindrucken oft durch ihre Intelligenz und Unangreifbarkeit, sie neigen anderseits aber auch zum schnellen Bewerten, Vergleichen, Urteilen und Richtig-Falsch-Denken.

Ein gutes Maß Selbstregulation und eine klare Fokussierung auf die Aufgaben und Belange des beruflichen Kontextes sind oft wichtige Zutaten und Voraussetzungen von Professionalität, bleibt es aber ausschließlich dabei, geht der Mensch hinter der Rolle verloren und wir haben in der Interaktion eher das Gefühl, es mit einer Maschine statt mit einem echten Gegenüber zu tun zu haben. Nicht umsonst ist eine der größten Herausforderungen bei der Entwicklung von künstlicher Intelligenz, ein technisches Gerät so zu programmieren, dass es uns menschlich erscheint, also eine berührbare und emotionale Komponente anbietet und in uns auslöst, die nicht perfekt, sondern variabel und bewusst leicht fehlerhaft ist. Nahbar werden wir erst, wenn wir als Mensch wahrgenommen werden, Nähe und Vertrauen entstehen kann – vor allem für Personen in pädagogischen und sozialen Berufen eine Grundvoraussetzung ihrer Arbeit.

Das entgegengesetzte Extrem sind Menschen, die ihre Emotionalität, ihre Befindlichkeiten und Stimmungen ungefiltert zum Ausdruck bringen und dabei ihre

Welt nahezu ausschließlich durch die Brille ihres eigenen Selbst wahrnehmen. Diese Zeitgenossen sind einerseits lebendig und begeisterungsfähig, aber auch stark impulsgesteuert und tun sich oft schwer mit einem Bedürfnisaufschub zugunsten der gemeinsamen Sache oder Aufgabe. Während im ersten Fall die Person hinter der Rolle verschwindet, wird im zweiten die Rolle zugunsten der Person in den Hintergrund gestellt.

Die Überlegungen in diesem Kapitel richten sich auf Gesprächssituationen, in denen einer der Gesprächspartner den Gegenstand sehr sachbezogen und rational betrachtet, während er für den anderen eine deutlich emotionalere Komponente hat. Beide funken bildlich gesprochen auf verschiedenen Frequenzen und wieder einmal geht es um eine stimmige Balance.

Im Schulalltag sind typische Beispiele dafür etwa Leitungsentscheidungen, die sachlogisch nachvollziehbar sind, durch die sich aber ein Mitarbeiter persönlich verletzt und zurückgesetzt fühlt, oder Kritikgespräche, in denen sich der Kritisierende durch eine Äußerung des Kritisierten beleidigt oder angegriffen fühlt, dieser aber sein Verhalten in einen objektiv richtigen Zusammenhang setzt.

Wenn ein Gesprächspartner den Eindruck hat, seine Gefühle werden nicht gehört und wahrgenommen, wird er entweder nicht locker lassen, bis sein Bedürfnis, gesehen und anerkannt zu werden, befriedigt ist, oder aber sich nicht nur aus der Situation, sondern enttäuscht auch aus dem Kontakt zurückziehen.

Selbst wenn es nur eine kurze Angelegenheit zu klären gibt, haben wir doch ein Gefühl dafür, wie wir dem Gesprächspartner und er uns begegnet. Ob die Schulsekretärin Ihnen das gewünschte Papier freundlich oder schlechtgelaunt überreicht, ob die Kollegin hochnäsig oder zugewandt auf Ihren Gruß reagiert, ist auch ohne viele Worte spürbar. In allen Begegnungen spielen Sach- *und* Beziehungsebene eine Rolle.

Theoretischer Hintergrund

Ein rationales, analytisches, selbstbeherrschtes und intellektuelles Verhalten gilt vielen als Ideal und oft ist es in der Tat zielführend und effektiv. Da wir Menschen allerdings nicht nur aus unser Ratio bestehen, geschieht es dann, dass wichtige Aspekte der Kommunikation, die ja letztlich immer Begegnung zwischen Menschen ist, ausgeblendet werden. Friedemann Schulz von Thun hat das im Modell der vier Seiten einer Nachricht deutlich gemacht, indem er herausarbeitet, dass jede Äußerung nicht nur einen Sach- und Appell- sondern auch einen Beziehungs- und Selbstoffenbarungs-Aspekt hat, unterschiedliche Facetten also, die weit mehr beinhalten als die reine Klärung des Gesprächsgegenstands (siehe Kap. 2.2.2 »Das Modell der vier Seiten einer Nachricht«).

Im Arbeitskontext ist in der Regel der Sachaspekt eines Themas leitend. Insbesondere bei kontrovers diskutierten Angelegenheiten oder immer wieder aufflammenden Konflikten liegt der eigentliche Kern jedoch oft in einer Tiefenschicht darunter. Das als »Eisberg der Kommunikation« bekannte Modell bringt das in ein beeindruckendes Bild: Nur ein kleiner Teil eines Eisbergs ist über dem Wasser zu sehen, der größte Teil liegt für den Betrachter unsichtbar darunter. In verfestigten Konflikten gibt es ähnliche Gewichtungen, wenn nämlich das augenscheinliche Thema nur einen Bruchteil dessen ausmacht, worum es wirklich geht. Die große Masse darunter stellen die Bedürfnisse der Beteiligten, Wünsche, Erfahrungen, Deutungen, Ängsten, Erwartungen, Befürchtungen dar, die jeder einzelne mit dem Thema in Verbindung bringt. Versucht man einen solchen Konflikt rein auf der Sachebene zu lösen, wird man schnell feststellen, dass das ohne Berücksichtigung seines Sockels nicht möglich ist. Schulz von Thun nennt dieses Ausblenden den »Deckel auf der Schlangengrube der Kommunikation«. (Schulz von Thun 1981, S. 129)

Menschen, die dominant auf der Sachebene erleben und kommunizieren, bezeichnet Virginia Satir als »Rationalisierer«. Sie interessieren sich nicht für den unteren Teil des Eisbergs, sondern sind stets vernunftbetont, beherrscht und gesammelt, zeigen keine Gefühlsregungen, sondern wirken oft perfekt und fehlerlos. Durch die Strategie, die eigenen Aussagen in einen objektiv richtigen Zusammenhang zu stellen – Satir nennt das eine »Computersprache« – verfolgen Rationalisierer das Ziel, die eigenen Schwächen zu verbergen und als unangreifbar zu erscheinen. (Satir 2010).

Diese Beschreibung lässt sich ergänzen durch das, was Friedemann Schulz von Thun einen apodiktischen, diskursiven Kommunikationsstil nennt (Schulz von Thun 1989). Anstatt ein Interesse an einer gleichberechtigten Auseinandersetzung zu haben, neigen diese Personen dazu, Monologe zu halten und auf diese Weise möglichst zu verhindern, in Frage gestellt zu werden. Hier wird deutlich, wie ein eigentlich positives sachbezogen-kluges Kommunikationsverhalten ins Negative kippt, wenn es nicht auf Dialog angelegt ist, sondern zur Selbstdarstellung genutzt wird. Stimmt der Gesprächspartner zu, fühlt sich der Apologet bestätigt, stimmt er nicht zu, fühlt er sich angegriffen und zieht sich beleidigt zurück.

Psychodynamisch ist der apodiktische Stil, so Friedemann Schulz von Thun, eine Form des eigenen Ambivalenzmanagements. Innere Ambivalenzen, Unentschiedenheiten im Feld zwischen Schwarz und Weiß, in dem wir uns ständig erleben, sind für manche Menschen schlecht auszuhalten. Apodiktiker betreiben eine Form eigener Überzeugungsarbeit, indem sie nach außen eine Seite so deutlich vertreten, dass die andere auch nach innen zum Schweigen gebracht wird. Je stärker die eigene abgewehrte Ambivalenz, desto stärker der missionarische Impetus; mit der Abwertung des Meinungsgegners wird die eigene bedrohliche Seite bekämpft. (Schulz von Thun 1989)

Das konträre Gesprächsverhalten zum dominant sachbezogenen ist das dominant emotional geleitete. Assländer und Grün stellen fest, dass soziale Einrichtungen in dieser Richtung besonders gefährdet sind, dem Sich-wohl-Fühlen jedes Einzelnen so deutlich Vorrang zu geben, dass das rationale Denken verdrängt wird. Das Reden über Gefühle darf aber nicht zum dominierenden Gesprächsinhalt werden, dem gegenüber die Leistungsorientierung der Organisation vernachlässigt wird (Assländer/Grün 2006)

Emotionalisierer vertreten sich und ihre Bedürfnisse durch bewusste und unbewusste Strategien wie das Schaffen von Sympathie, Mitleid und Verbindlichkeit und das Schmieden von Koalitionen. Sie umgehen damit, sich auch mal distanzieren zu müssen, klare Kante zu zeigen und unpopuläre Entscheidungen treffen zu müssen. Die Sicherheit, die durch die Sorge um die zwischenmenschlichen Beziehungen und die Erfüllung der eigenen Bedürfnisse entsteht, ist nur eine scheinbare, denn auf der Kehrseite verhindert sie, sich in einer Sache klar zu positionieren und auch Konflikte konstruktiv auszutragen. Es ist letztlich eine starke kindliche Seite leitend, der Abstrahieren, Weitsicht, eine differenzierte Einschätzung einer Situation und Impulskontrolle fremd sind. Rationalisierer hingegegen können mit Distanz und (Selbst-)Kontrolle umgehen, haben dafür aber ihre emotionale Seite und ihr Nähebedürfnis zurückgedrängt.

How to do

Menschen sind unterschiedlich und eine stärkere Betonung der Sach- oder der Beziehungskomponente in der Kommunikation entspricht dem einen oder anderen mehr, je nachdem ob es sich eher um einen Nähe- oder um einen Distanztyp handelt. In der alltäglichen Kommunikation gleichen wir das in der Regel intuitiv aus, in schwierigen Gesprächen und Begegnungen kann aber genau hierin ein Schlüssel liegen.

Haben Sie es mit jemandem zu tun, der deutlich zum Rationalisieren neigt, achten Sie darauf, ihm die die notwendige Distanz zu gewähren und treten Sie ihm nicht zu nahe. Überfordern Sie ihn nicht, indem Sie die emotionale Seite erst recht betonen und sie auch von ihm einfordern. Nicht nur in Paarbeziehungen, sondern auch in der beruflichen Zusammenarbeit kann das ein unendliches Konfliktfeld eröffnen. Seien Sie aufmerksam: Manchmal ist schon ein »Wie geht es dir?« zu viel, besser ist dann zum Beispiel zu fragen: »Was gibt es Neues?«. Machen Sie sich bewusst, dass Rationalisierer ihre Emotionen nicht bewusst verschweigen, sondern dass sie sie zumeist weder selbst differenziert wahrnehmen, noch für angemessen halten und sie somit auch nicht ins Wort bringen könnten. Einladend kann ein Perspektivwechsel wirken: »Was hättest du in meiner Lage empfunden?«, der zugleich eine Rückmeldung dazu gibt, ob Ihr Gegenüber nicht in der Lage ist,

Emotionales zu empfinden, oder lediglich gerade nicht über seine eigenen Gefühle sprechen möchte.

Wenn Sie Ihre eigenen Emotionen benennen möchten, tun Sie das eher beschreibend als erlebend und inszenierend und kommen Sie dem Rationalisierer so in seiner kognitiv geprägten Kommunikationsweise entgegen. Geben Sie ihm nicht die Veranlassung, Sie als übersensibel, empfindlich oder hysterisch abzuqualifizieren, sondern wählen Sie einen Weg, die Zwischentöne vorsichtig in seine rationale Weltsicht zu integrieren, soweit das für den jeweiligen Kontext und Anlass nützlich und notwendig ist. Hierzu gehört auch eine Metakommunikation mit Betonung der Selbstoffenbarungs- und Beziehungsebene: Wie stehen wir zueinander? Was bewegt mich, Ihnen immer gleich zu widersprechen? Warum habe ich Angst, meinen wirklichen Standpunkt zu sagen? (Schulz von Thun 1981, S. 132)

Stehen Sie in diesem Rahmen selbstbewusst zu Ihrem Erleben und überlassen Sie Ihrem Gesprächspartner nicht die Deutungshoheit im Sinne von »Das muss man ganz rational betrachten« (wobei die Formulierung mit einem apodiktischen »muss« und einem distanziert-pauschalisierten »man« sehr typisch ist). Die Fähigkeit, mit eigenen und fremden Gefühlen umgehen zu können, der sogenannte EQ-Quotient für emotionale Intelligenz – ist für menschliches Miteinander, insbesondere auch für die Interaktion von Führungspersonen, von zentraler Bedeutung. (Assländer/Grün 2006)

Wenn Sie es hingegen umgekehrt mit Menschen zu tun haben, die die Beziehungsebene dominant setzen und dadurch eine Auseinandersetzung und Klärung von Inhalten vermeiden, gehen Sie den umgekehrten Weg und blenden Sie das Sachthema bewusst immer wieder ein. Verweisen Sie dabei explizit auf den beruflichen Kontext und die Rollen, aus denen heraus Sie sprechen, und holen Sie sie so immer wieder ins gemeinsame Bewusstsein. Auch gelegentliche Meta-Kommunikation kann helfen: »Wenn ich uns so zusehe, wie wir hier sprechen, dann denke ich...« »Wir sind hier als Kollegen in der gleichen Fachschaft und es ist mir ein Anliegen, dass wir in dieser Besprechung klären, wie...«.

Wenn Sie häufiger mit der Person zu tun haben, die deutlich zum Emotionalisieren neigt, bieten Sie in anderen Situationen bewusst und aufrichtig Beziehungsarbeit an, pflegen Sie den Kontakt, plaudern Sie über Persönliches. Wenn es dann etwas zu klären gibt, haben Sie eine gute Basis geschaffen, um auch mal fokussierter sachlich bleiben zu können. Planen Sie Gespräche nach Möglichkeit so, dass Sie vorher und nachher Zeit für Smalltalk und Menschliches haben. In den Gesprächssituationen selbst bestätigen Sie, dass Sie die Emotionen und das Beziehungsangebot gehört und wahrgenommen haben. Bremsen Sie aber auch bewusst und fokussieren Sie sich auf die gemeinsame Sache und Aufgabe, wenn die Kommunikation aus der Balance gerät.

Schätzen und wertschätzen Sie die sachbezogenen Anteile des Emotionalisierers und die kleinen Einblicke in die Innenwelt des Rationalisierers – und melden Sie ihnen das auch zurück. Stärken und unterstützen Sie sie darin, im Dienst der Sache mehr davon zu tun, bis Sie beide sich gut verständigen können und den Eindruck haben, das Wesentliche konnte gesagt und verstanden werden.

Formulierungshilfen

- Ich kann deine Argumente sachlich nachvollziehen. Für mich hat unsere Auseinandersetzung aber noch eine weitere Ebene, die über das Sachliche hinausgeht. Ich würde gerne versuchen, sie dir zu beschreiben.
- Kannst du nachvollziehen, dass ich mich sehr ärgere?
- Was würdest du in meiner Situation empfinden?
- Wie geht es dir in dieser Situation?
- Ich kann Ihre Sachargumente gut nachvollziehen und finde sie sehr schlüssig. - Für mich ist aber auf der Ebene unserer Zusammenarbeit noch etwas ungeklärt, was ich mit Ihnen besprechen möchte.
- Ich kann gut nachvollziehen, dass das Thema für dich eine sehr persönliche und emotionale Komponente hat. Bei mir ist angekommen, dass... / ich habe verstanden, dass... . Ich sehe aber auch, dass wir hier beisammensitzen, weil wir eine gemeinsame Aufgabe / ein gemeinsames Anliegen haben / es uns darum geht, in der Sache eine Lösung zu finden.

Tipps gegen Tücken

Sowohl Rationalisierer als auch Emotionalisierer zeigen ihr Verhalten nicht, um Sie zu nerven oder Ihnen etwas vorzuenthalten, sondern weil es ihre eigene stimmige Weise ist, sich und der Welt zu begegnen. Seien Sie sich bewusst, dass Sie das nicht werden ändern können, aber geben Sie Anregung und Unterstützung, die jeweils ausgeblendete Seite so zu aktualisieren, wie es für das Kommunikationsanliegen und Ihren Kontakt nützlich ist. Wenn Sie zu stark insistieren, werden Sie eher Widerstand als Offenheit hervorrufen.

Führen Sie mit Rationalisierern kein psychologisierendes Gespräch auf der Meta-Ebene, erst recht nicht, wenn Sie sein Kollege und nicht sein Therapeut sind. Das Rationalisieren ist eine Weise, die Welt wahrzunehmen und ihr eine ordnende Struktur zu geben, die Sicherheit und Schutz vor den Untiefen der Emotionalität bietet.

Schätzen Sie beide Kommunikationsstile in Ihren Stärken, auch wenn sie Ihrer eigenen bevorzugten Weise nicht entsprechen. Eine engagierte, kreative Sachlichkeit braucht den Aufwind positiver mitmenschlicher Beziehungen. Zum anderen lassen sich die unsachlichen Impulse gar nicht aus der Welt schaffen. Sie sind Teil der Realität und bestimmen die Kommunikation aus dem Untergrund, wenn sie sich nicht offen zeigen dürfen. (Schulz von Thun 1981, S. 131)

Das Wichtigste in Kürze

- Machen Sie sich bewusst, welche Anteile das Thema auf der Sach- und auf der Beziehungsebene hat.
- Bemühen Sie sich um eine stimmige Balance. Verlieren Sie die gemeinsame Sache und Aufgabe nicht aus den Augen.
- Wenn Sie mit einem Rationalisierer zu tun haben, signalisieren Sie, dass Sie die Klarheit und Themenbezogenheit schätzen. Treten Sie gleichzeitig für die ausgeblendete Seite von Beziehung und Emotion ein, soweit sie in Bezug auf Kontext und Thema angemessen ist.
- Wenn Sie mit einem Emotionalisierer zu tun haben, signalisieren Sie, dass Sie seine Anliegen wahrnehmen und seine Beziehungsorientierung schätzen. Treten Sie gleichzeitig für die ausgeblendete Sachseite ein.

3.14 »Das wollte ich doch eigentlich gar nicht sagen!« – Wer spricht, wenn ich spreche

Zum Beispiel

- Sie wollten in der Fachschaftssitzung über ein Thema sprechen, zu dem es unterschiedliche Meinungen gibt und das in der Vergangenheit schon zu Konflikten geführt hat. Ihre Argumente haben Sie sich gut überlegt, Ihre Position ist klar. Im Verlauf des Gesprächs merken Sie, wie Sie immer emotionaler und wütender werden. Letztlich werden Sie laut, zugegebenermaßen auch unsachlich und verlassen den Raum türeknallend. Im Nachhinein ärgern Sie sich über sich selbst und darüber, wie »es mit Ihnen durchgegangen« ist.
- In einer Konferenz geht es darum, wer zusätzliche Aufgaben übernehmen kann. Eigentlich ist Ihnen bewusst, dass Sie an Ihrer Belastungsgrenze sind und sich bereits über das normale Maß hinaus für die Schule engagieren. Als sich keiner von den Kollegen meldet, heben Sie die Hand, obwohl Sie für sich beschlossen hatten, in diesem Schuljahr keine weiteren Zusatzaufgaben zu übernehmen.
- In einem Elterngespräch ertappen Sie sich dabei, wie Sie Details aus der Klasse preisgeben und Zugeständnisse machen, die Sie eigentlich gar nicht machen wollten. Sie ärgern sich im Nachhinein über sich selbst.

Vorbemerkungen

Offensichtlich sind wir nicht immer Herr oder Herrin unsers Tuns und Sagens. Es gibt Situationen, in denen handeln wir anders, als wir es eigentlich wollen, und Situationen, in denen wir innerlich unentschieden und mit uns selbst uneins sind. Heraus kommt manchmal eine Aktion, die unbestimmt und unklar ist oder sogar unserem eigentlichen Plan widerspricht.

Wenn wir uns über uns selbst ärgern oder etwas getan haben, was wir eigentlich gar nicht wollten, setzt das voraus, dass wir offensichtlich so etwas wie zwei Seelen in unserer Brust haben. Das ist kein Ausdruck einer krankhaften Persönlichkeitsspaltung, sondern sehr gesunder und vitaler innerer Stimmen, mit denen wir in Kontakt kommen. Therapeutisch spricht man von inneren Anteilen oder Ego-States, kommunikationstheoretisch von Ich-Zuständen oder dem inneren Team.

Theoretischer Hintergrund

Seit den Arbeiten des Psychiaters Jacob Levy Moreno in der ersten Hälfte des 20. Jahrhunderts wird es common state, dass die Identität eines Menschen kein fest umrissener Kern ist, sondern sich aus einer Vielzahl von Rollen, den sogenannten MEs zusammensetzt. Virginia Satir hat in ihrer Theorie und Praxis der »Parts Party« Morenos Technik übernommen und leicht abgewandelt. (Riedener Nussbaum/Storch 2018, S. 57). Friedemann Schulz von Thun nannte die Vielfalt der MEs das »Innere Team« und entwickelte daraus ein Modell, das die Pluralität des menschlichen Seelenlebens in Analogie zu einer Arbeitsgruppe zu fassen versucht. (Schulz von Thun/Stegmann 2004, S. 22 ff.).

Auch das in diesem Buch schon viel genutzte Modell der Ich-Zustände aus der Transaktionsanalyse arbeitet damit, dass wir in unterschiedlichen Situationen auf verschiedene Weise empfinden, agieren, reagieren und interagieren. Die meisten Menschen kennen solche verschiedenen Aspekte, »Anteile« oder »Ichzustände« in sich – beispielsweise einen albernen Fünfjährigen, einen rebellischen Jugendlichen, einen bedachten Erwachsenen – die sich in speziellen Stimmungen und Verhaltensweisen Ausdruck verschaffen, je nachdem, mit welchen Anforderungen wir in unserer äußeren Umgebung konfrontiert werden. (Shapiro 2017).

MEs, Teile, Teammitglieder können zum Inhalt haben:

- Erfahrungsbereiche oder Tätigkeiten (Ich als Lehrer/in, Schulleiter/in, Referendar/in)
- Gruppenzugehörigkeiten (Ich als Mitglied dieses Kollegiums, Teil der Elternschaft, Sportler/in, Musiker/in)

- soziale Beziehungen (Ich als Klassenlehrer/in, Mutter/Vater, Freund/in)
- persönliche Attribute (Ich, der/die Ehrgeizige, Ich, die/der Kreative, Ich die/der Fels in der Brandung)
  (Riedener Nussbaum/Storch 2018, S. 46)

Allen Modellen gemeinsam ist, dass sie die inneren Stimmen, Anteile, Qualitäten reflektieren, visualisieren und zum Zweck der Selbstklärung und zum Nutzen für den Umgang mit herausfordernden Lebenssituationen inszenieren. (Schulz von Thun/Stegmann 2004, S. 24). Die folgenden Überlegungen sollen das für unsere Zwecke exemplarisch an der Arbeit mit dem inneren Team zeigen.

How to do

In einer laufenden Interaktion schaffen es nur geübte und sehr reflektierte Menschen, ihr inneres Team bewusst zu nutzen. Als Einstieg und zum Kennenlernen der inneren Anteile eignen sich Situationen der Vor- und Nachbereitung von Gesprächen deutlich besser, wenn wir in Ruhe Zugriff auf unsere Ressourcen haben.

Stellen Sie sich zunächst die Situation, die Sie mithilfe Ihres inneren Teams betrachten möchten, genau vor. Tun Sie das so konkret wie möglich, also nicht »Ich führe ein Elterngespräch.«, sondern »Es ist Elternsprechtag und das nächste Gespräch wird mit Frau Müller stattfinden. Ich sitze in meinem Klassenraum am Tisch, Frau Müller wird gleich mir gegenüber Platz nehmen. Ich befürchte, sie wird sich – wie bei den letzten Gesprächen auch – auf den Stuhl fallen lassen, tief Luft holen und dann eine Tirade auf mich abfeuern. In den letzten Gesprächen ist es mir nicht gut gelungen, sie zu stoppen und ich bin verärgert und erschöpft aus dem Gespräch gegangen, weil es keine konstruktive Wendung gab. Ich möchte mein inneres Team nutzen, beim nächsten Mal souveräner in diesem Gespräch zu sein.«

Stoppen Sie den Film in Ihrem Kopf an der Stelle, über die Sie gerne nachdenken möchten. Treten Sie dann gedanklich aus der Situation heraus und fragen sich, welche Seiten und Stimmen in Ihnen sich dazu melden. Fassen Sie diese Stimmen so konkret wie möglich, indem Sie ihnen einen Namen geben, der die Emotion oder die Rollen umreißt. In unserem Fall könnten das zum Beispiel folgende sein: eine Hilflosigkeit / eine Wut, die in Ihnen aufsteigt / eine Angst, dass Frau Müller sich bei der Schulleitung beschwert / ein Zweifel, ob Sie wirklich so eine schlechte Lehrerin sind / ein Privater, der sich schon auf den Feierabend freut / ein Stoiker, der das Gewitter vorüberziehen lassen wird / ein Solidarischer, der Frau Müllers Kritik am Schulsystem verstehen kann und weitere mehr. Die Seiten können Sie sich auch als Figuren vorstellen, wenn Ihnen Bilder dazu in den Kopf kommen: ein scheues Reh / ein kleines Mäuschen / ein dickhäutiger Elefant / ein stolzer Adler, der alles von oben betrachtet / ein Boxer, der selbstbewusst in den Ring steigt / ein Buddha / ein Angeklagter / ein Vater oder eine Mutter und so weiter.

Ordnen Sie dann die inneren Stimmen, die für Sie am wichtigsten sind, auf einer Art Bühne an. Sie können dazu kleine Zettel schreiben oder Gegenstände verwenden, Sie können sie auch aufzeichnen (Schulz von Thun und seine Schüler skizzieren dazu typische dickbäuchige Figuren, in denen die Teammitglieder vermerkt sind). Denken Sie dabei darüber nach: Welche Teammitglieder sind besonders laut oder groß? Welche stehen auf Ihrer inneren Bühne in vorderster Reihe, welche eher im Hintergrund? Welche sind aktiv, welche sind Statisten? Wie interagieren die Teammitglieder miteinander?

Wenn Sie Ihr inneres Team aufgestellt haben, schauen Sie es sich an wie ein Regisseur und prüfen, ob es für die Situation, die Sie ausgewählt haben, funktional ist oder ob Veränderungen nützlich sein können: Sollen einzelne Teammitglieder anders positioniert werden? Fehlen bestimmte Rollen oder werden andere für die konkrete Szene nicht gebraucht und rücken in den Hintergrund? Braucht ein Teammitglied ein anderes an seiner Seite, um einen Ausgleich zu haben? Was machen die Teammitglieder, die gerade nicht aktiv sind oder nicht gebraucht werden? Kann ein Gesprächspartner bestimmte Teammitglieder locken oder provozieren? Welche Regieanweisung möchten Sie den Mitgliedern für diesen Fall geben?

Erschaffen Sie ein Bild, das für Sie die bestmögliche Konstellation für die konkrete Situation zeigt. Visualisieren Sie nun noch einmal die echte Szene oder das Gespräch, auf das Sie sich vorbereiten möchten. Wie werden Sie aus Ihrem inneren Team heraus agieren? Welche Schwierigkeiten werden Sie umschiffen? Welche Stärken werden Sie zur Geltung bringen?

Je häufiger Sie sich Zeit für solche Reflexionsübungen nehmen, desto besser lernen Sie Ihre inneren Teammitglieder und ihre Eigenheiten kennen und desto leichter werden Sie in den verschiedenen Situationen mit ihnen in Kontakt kommen und sie nutzen. Denken Sie daran: Sie sind der Regisseur, der Chef, und Sie entscheiden, was Sie sagen oder tun wollen und was nicht.

Manchmal bietet es sich an, einige Ihrer Seiten in einer konkreten Gesprächssituation tatsächlich offen zu benennen. Wir tun das zum Beispiel bereits immer dann, wenn wir unsere Meinung nach dem Muster einerseits - anderseits ausführen. In unserem Beispiel könnten Sie etwa zu Frau Müller sagen: »Einerseits kann ich selbst als Elternteil Ihre Kritik am Schulsystem gut nachvollziehen, anderseits merke ich, wie als Lehrerin in mir Wut und auch Hilflosigkeit aufsteigen, wenn ich Sie so schimpfen höre. Beides erscheint mir für eine konstruktive Lösung nicht funktional. Daher lassen Sie uns doch gemeinsam überlegen, wie...«

Formulierungshilfen

Die beschriebene Arbeit mit dem inneren Team findet größtenteils in Eigenreflexion statt. Gerade bei inneren Ambivalenzen ist es aber oft hilfreich, die unterschiedlichen Anteile im Gespräch offen zu nutzen:

- Ich habe eine Seite in mir, die sagt, ich sollte Ihrem Vorschlag zustimmen, und eine andere, die noch Bedenken hat.
- Ich möchte das Thema gerne sachbezogen mit Ihnen klären, merke aber, wie in mir ein Ärger hochsteigt, der mich hindert, ruhig zu bleiben. Ich würde deshalb gerne unser Gespräch für zehn Minuten unterbrechen.
- Ich verstehe Ihr Anliegen, aber ich habe mir fest vorgenommen, in diesem Jahr kein zusätzliches Ehrenamt anzunehmen, weil ich an meiner Belastungsgrenze bin. Bitte verstehen Sie, dass das nichts mit Ihnen oder der Aufgabe zu tun hat, sondern mit meinen Kapazitäten.
- Ich bin in dieser Frage sehr unentschieden und möchte erst einmal in Ruhe darüber nachdenken.
- In meiner Rolle als Freund/in würde ich dir gerne die Freistunden gewähren, in meiner Rolle als Stundenplanmacher/in weiß ich aber um die organisatorischen Zwänge an unserer Schule.

Tipps gegen Tücken

Die Arbeit mit inneren Anteilen oder dem inneren Team kann oft sehr erhellend sein. Sie ist umso wirksamer, umso häufiger sie geübt wird und umso vertrauter uns die eigenen Anteile werden. Bei den ersten Versuchen kann es eine gute Unterstützung sein, die eigenen Gedanken mit einer anderen Person zu teilen, am besten mit jemandem, der Erfahrung in diesem Bereich hat, oder die Methode in einem Seminar oder einem Coaching kennen zu lernen.

Manchmal sind wir blind für Teammitglieder, es fehlen bei der Zusammenstellung wichtige Stimmen, die verdeckt agieren oder einen Ausgleich zu anderen schaffen könnten. Carl Gustav Jung unterteilt das psychische System in die »Persona« und den »Schatten«. Zur Persona gehören die Persönlichkeitsanteile, die man absichtsvoll in der Öffentlichkeit zeigt, während der Schatten die ungeliebten, verdrängten und nicht akzeptierten Persönlichkeitsanteile bezeichnet. Aufgabe der eigenen psychischen Entwicklung ist eine Reintegration dieser Anteile in die Gesamtpersönlichkeit.

Der Weg dorthin kann über ein Reframing gehen, über eine Neudefinition der Funktion, Absicht und Wirkung des Anteils. Durch eine Neubeurteilung erhält er dann einen veränderten Rahmen: Eine Ängstlichkeit ist wohldosiert ein Schutz vor Gefahr, eine Aggression hilft, im richtigen Moment klare Grenzen zu setzen, oder ein Neid zeigt, worauf sich das eigene Wünschen und Streben richtet. Anstatt den Teammitgliedern des Ensembles also innerlich zu kündigen – was ein relativ aussichtsloses Unterfangen ist, da es sich um Teile der eigenen Persönlichkeit handelt –, sollte man ihnen eine gute, stimmige Rolle zuschreiben, in der sie keinen Schaden anrichten, sondern manchmal sogar glänzen dürfen.

Wenn Sie Ihre Teammitglieder identifizieren, verzetteln Sie sich nicht in zu vielen Differenzierungen, aber geben Sie sich auch nicht vorschnell zufrieden. Mit fünf bis sechs Anteilen lässt sich in der Regel gut arbeiten. Bei der Entwicklung der Anteile ist es oft hilfreich, in Paaren zu denken, die die jeweils andere Seite der Medaille verkörpern: eine berufliche und eine private Seite, eine fachliche und eine pädagogische, eine Seite des Kümmerns um andere, eine für mich selbst, eine Seite die zulässt und eine die Grenzen setzt, eine, die ängstlich ist, und eine, die zuversichtlich oder mutig ist, eine kritische und eine des Selbstbewusstseins usw.

Das Wichtigste in Kürze

- Die Persönlichkeit eines Menschen setzt sich wie ein inneres Team aus verschiedenen Aspekten, Anteilen, Stimmen zusammen, die sich insbesondere in Situationen der Ambivalenz äußern.
- Zur Vor- und Nachbereitung von Gesprächen ist die Reflexion der inneren Anteile oft äußerst erhellend.
- Je besser wir im Kontakt zu unseren inneren Anteilen sind, desto souveräner können wir das Team nutzen.
- Ziel der Arbeit mit den inneren Anteilen ist, dass der bewusste, erwachsene Zustand die Regie übernimmt und die Teile funktional genutzt werden können.
- Alle Teile sind wertvoll und wichtig, wenn sie und ihre Ressourcen in der richtigen Dosierung genutzt werden und sie eine stimmige Position bekommen.

4. Jedes Gespräch ist ein Mehr an Erfahrung

4.1 Die anderen sind anders

Es gibt Menschen, Situationen und Gespräche, die schwierig sind und es auch bleiben, da mögen die Haltung und die Strategie, die innere und äußere Vorbereitung noch so gut sein. Und es gibt Situationen, aus denen bleibt ein Rest, ein Ärger, eine Verstimmung, eine Wunde in der gemeinsamen Geschichte. Nicht in jedem Kritikgespräch lässt sich eine konstruktive Lösung finden, nicht jede Beschwerde lässt sich zur Zufriedenheit aller Beteiligten klären.

Kommunikation ist manchmal wie eine Reise auf den Planeten des anderen. Glücklicherweise haben wir eine Idee davon, wie fremde Planeten aussehen könnten, werden aber immer wieder von den dort herrschenden physikalischen Gesetzmäßigkeiten, unbekannten Gefahren und erstaunlichen Schönheiten überrascht. Die anderen sind anders. Das ist mit Contenance als eine der Tatsachen des Lebens anzuerkennen.

Diese Einsicht setzt allen Bemühungen, andere Menschen durch ein Gespräch ändern zu wollen, eine Grenze. Dennoch ist Kommunikation keine vergebliche Mühe, denn sie kann und wird in vielen Fällen wichtige Anstöße und Impulse geben, dass der andere sich ändert und entwickelt. Einer meiner Ausbilder, der Pädagoge Bardo Schaffner, hat es immer so formuliert: Einen Menschen ändern zu wollen, ist wie das Wetter ändern zu wollen: unmöglich. Wir können uns nur dem Wetter gemäß kleiden. Und wir können uns bewusst machen, dass wir selbst zum Wetter für andere werden können.

4.2 Ein Gespräch kommt selten allein

Auch wenn es Gespräche gibt, die wichtiger sind als andere – für ein Bewerbungsgespräch zum Beispiel gibt es selten eine zweite Chance – ist die einzelne Gesprächssituation in der Regel nicht isoliert von ihrem Kontext. Ob und welcher Art vorher bereits Kontakt besteht und von welcher Qualität die Beziehung der beiden Gesprächspartner ist, auf welchem Weg und in welchem Ton die Einladung erfolgte und welche Fortsetzung ein Gespräch finden kann und soll, bestimmt den

Anspruch und die Erwartungshaltung an die Situation. Vor allem junge Lehrerinnen und Lehrer setzen sich oft unter hohen Druck und verlangen von sich, dass jedes Gespräch umfassend gelingen muss, um gut zu sein. Sie wollen dabei oft zu viel auf einmal, überfrachten die Situation, sich und ihr Gegenüber und versuchen dabei, teils sich widersprechende Gesprächsangebote zu machen. Dadurch nehmen sie der Kritik oder dem Beratungsangebot seine Wirksamkeit und Kraft. Zielführender und für alle Beteiligten angenehmer ist ein kürzeres Gespräch zu einem wichtigen Aspekt mit klarer Zielrichtung. Im Nachgang kann das Gespräch wirken und können sich die Gesprächspartner ihre Gedanken machen, bevor man sich erneut trifft und den Prozess weiterführt oder abschließt.

Lehrerinnen und Lehrer kennen dieses Vorgehen aus der Lerndidaktik: Nicht zu viel auf einmal wollen, sondern den Stoff in gut zu bewältigende Stücke einteilen. Am nachhaltigsten ist es, das Lernen – gleich wie ein Gespräch – in guter Energie zu beenden, statt mit Misserfolgserlebnissen aus Erschöpfung oder Überforderung.

Gerade dann wenn ein Gespräch nicht gut verläuft, sollte man vermeiden, immer mehr desselben zu tun. Nach dem Motto »Aus Fehlern wird man klug, drum ist einer nicht genug.« (Wilhelm Busch) ist jede Situation auch eine Chance zur Weiterentwicklung. Seien Sie in der Analyse des Geschehenen milde mich sich selbst, indem Sie auch Ihren inneren Kritiker auf die Regeln der gewaltfreien Kommunikation verpflichten. Verzichten Sie auf Selbstvorwürfe, sondern nutzen Sie zur Reflexion einer schwierigen Situation zum Beispiel folgendes Muster:

- In dieser Situation / als ich das (nicht) gesagt habe....
- fühlte ich mich ...
- weil ich ...
- deshalb brauche ich in/für das nächste Gespräch / möchte ich /werde ich ...

Seien Sie ebenfalls nachsichtig mit Ihrem Gesprächspartner. Gehen Sie nicht davon aus, dass jemand Ihnen gegenüber bewusst böswillig agiert, sondern machen Sie sich bewusst, dass die Gründe für ein Verhalten in der Regel in den eigenen Bedürfnissen, einer Unsicherheit, einer Sorge, Angst oder Unfähigkeit des Gegenübers Ihre Ursache haben.

Nutzen Sie Formen der Metakommunikation auch, um auf ein schwieriges Gespräch noch einmal zurück zu kommen, wenn es noch offene Punkte oder emotionale Reste gibt: »Ich bin mir nicht sicher, ob ich dich in unserem letzten Gespräch richtig verstanden habe.«, »Meintest du das wirklich so?« oder »Lass uns nochmal über unser Gespräch von gestern sprechen.«

In der Reflexion von Gesprächssituationen liegen wertvolle Anregungen nicht nur zur Professionalisierung für zukünftige, ähnliche Situationen, sondern auch zur eigenen Persönlichkeitsentwicklung:

- Wie versuche ich, im Kontakt mit anderen Wirkung zu erzeugen? Wie ist das Verhältnis von Absicht und Wirkung?

- Welche (un-)angenehmen Erfahrungen wiederholen sich zwischen mir und meinen Gesprächspartnern? Welche Ursachenzuschreibungen nehme ich vor (Böswilligkeit, Unfähigkeit, Unmotiviertheit versus ungeschickt kommuniziert, falsches Beziehungsangebot)? Wozu lade ich andere ein?
- Wie könnte ich diese Muster unterbrechen? Womit würde ich mich selbst und mein Gegenüber überraschen?
- Wenn all dies nichts hilft: Welche »Altlasten« beeinflussen die aktuellen Kommunikationskreisläufe?
  (Zwack / Schweitzer 2009)

4.3 Wenn Sprechen nicht mehr geht

Manchmal geht es einfach nicht mehr. Das Gespräch ist verfahren, die Stimmung am Boden, der Kopf leer. In solchen Situationen ist es kein Zeichen von Schwäche, sondern im Gegenteil von Professionalität, ein Gespräch abzubrechen, bevor es eskaliert. Wenn Sie den Eindruck haben, der point-of-no-return ist für den Moment überschritten, gehen Sie aus dem Gespräch, wohlgemerkt zunächst aber nicht aus dem Kontakt heraus. Machen Sie das auf der Metaebene für Ihren Gesprächspartner transparent und sagen Sie deutlich, dass eine Unterbrechung nicht zwingend einen Kontaktabbruch bedeuten muss.

Vielleicht hat es von Anfang an keinen tragfähigen Kontrakt gegeben oder Ihrer beider Verständnis davon war so unterschiedlich, dass die Kommunikation dadurch gehemmt war. Wenn Eltern zum Beispiel das Verständnis haben, dass die Schule ein reiner Dienstleistungsbetrieb ist, in den sie ihre Kinder hineingeben und nach einigen Jahren mit einem guten Schulabschluss wiederbekommen, ohne dass sie selbst sich in irgendeiner Weise um eine Erziehungspartnerschaft mit der Schule kümmern müssten, werden die Elterngespräche – sofern sie denn überhaupt wahrgenommen werden – voraussichtlich grundsätzlich schwierig, sobald etwas aus Elternsicht nicht ganz wunschgemäß läuft. Kooperation und Kommunikation sind nur dann möglich, wenn beide Partner bereit dazu sind und eine zumindest annähernd ähnliche Vorstellung vom Sinn und Zweck der Zusammenarbeit haben.

Wenn sich ein Gespräch nicht weiterführen lässt, enden Sie nicht beleidigt oder mit einer Drohung, sondern bleiben Sie souverän. Die Tür bleibt bildlich gesprochen offen, wenn Sie darauf verweisen, dass *aus Ihrer Sicht, zum aktuellen Zeitpunkt* und *unter den gegebenen Umständen* eine Einigung schwer vorstellbar scheint. Ein solcher Ausstieg aus einem Gespräch markiert einerseits ein klares »So nicht«, erlaubt es aber auch, später ohne jeden Gesichtsverlust an den Verhandlungstisch zurück zu kehren: Entweder kann jemand anderes das Gespräch wieder aufnehmen (aus Ihrer Sicht war es nicht möglich, aber aus der Sicht einer anderen

Person schon) oder die Lage hat sich geändert (was zum früheren Zeitpunkt noch nicht möglich war) oder die Umstände haben sich geändert (und wenn es nur ein Detail der Rahmenbedingungen ist). Das ist höflicher und cleverer, als die Tür ein für allemal zu schließen. (Martin 2018)

Benennen Sie am Ende des Gesprächs, was vielleicht schon erreicht ist und was noch offen oder unklar ist. Damit setzen Sie einen klaren Endpunkt und machen das Gespräch auch in dieser Situation rund.

Manchmal ist es der nächste Schritt, ein Gespräch im Beisein einer weiteren Person fortzuführen, die eine Art Moderatoren- oder Vermittlerfunktion einnimmt. Es ist für die Auswahl dieser Person wichtig, dass sie von beiden Seiten gleichermaßen akzeptiert wird und damit nicht für ein gefühltes Kräfteungleichgewicht sorgt. Vereinbaren Sie mit Ihrem Gesprächspartner gemeinsam die Anwesenheit der zusätzlichen Person oder holen Sie sich die Zustimmung ein. Wählen Sie sie nach ihrer Rolle, Aufgabe und Kompetenz aus, nicht nach reiner Sympathie. Ein Stufenkoordinator, ein Beratungslehrer oder ein Mitglied der Schulleitung werden aufgrund ihrer Funktion im Gesamtkontext als neutrale Dritte besser akzeptiert als der befreundete Kollege, der sich sicher heldenhaft auf Ihre Seite schlagen wird.

Wenn wirklich gar nichts mehr geht und Sie auch aus dem Kontakt zu Ihrem Gegenüber gehen müssen, achten Sie darauf, Ihr professionelles Handeln in jedem Fall beizubehalten. Das kann der Fall sein, wenn Ihr Gegenüber hartnäckig verdeckte Transaktionen nutzt, also aus zwei verschiedenen Ich-Zuständen kommuniziert (Gührs/Nowak 2006), an pauschalen, unsachlichen Vorwürfen festhält oder Ihnen regelmäßig in der Haltung »Du bist nicht okay.« gegenübertritt. Sie dürfen und sollten durchaus Ihrem Gesprächspartner gegenüber Ihren Ärger zum Ausdruck bringen. Lassen Sie sich aber nicht verwickeln, sondern bleiben Sie auch in diesen Fällen möglichst souverän, autonom, rollenbewusst und in Ihrem Erwachsenen-Ich-Zustand. Kollegiale Gespräche, Intervision oder Supervision können dabei helfen. Lassen Sie nicht Ihren Ärger an anderen aus. Ihr Lebenspartner kann nichts für den nervtötenden Kollegen und Ihre Schüler können nichts für ihre Eltern.

4.4 Mail, Messenger & Co – Digitale Kommunikation

Nicht erst seit der zunehmenden Digitalisierung von Schule und Unterricht durch die Schutzmaßnahmen gegen die Corona-Pandemie gewinnen schriftliche Formate an Bedeutung für die Kommunikation zwischen allen an Schule Beteiligten.

Die Entgrenzung von Zeit und Raum sind dabei Segen und Fluch zugleich. Die Nachrichten können jederzeit geschrieben werden, abends und am Wochenende, aus einem ersten emotionalen Affekt oder einem unreflektierten Impuls heraus, nebenbei und von jedem Ort. Diskretion ist nicht gewährleitstet, durch CC, Verteiler und Weiterleitungen kann es offen oder verborgen viele weitere Mitleser geben.

Lehrerinnen und Lehrer sind damit theoretisch jederzeit und an jedem Ort erreichbar, wenn sie über mobile Geräte ihre Nachrichten abrufen. Die Erwartungshaltung, dass schnell reagiert wird, ist gestiegen; in Ruhe über eine Antwort nachzudenken und einen Text noch einmal zu überschlafen, ist aus der Mode gekommen.

Hinzu kommt, dass in schriftlicher Kommunikation immer der analoge Anteil fehlt, nämlich das, was uns Tonfall und Blickkontakt, die Gestik, Mimik und Körpersprache unseres Gegenübers mitteilen. Emojis sind deshalb so beliebt, weil sie ein Versuch sind, diesen Mangel auszugleichen. In der Kommunikation von Mensch zu Mensch beobachten wir nicht nur als Hörer den Sprecher, sondern auch als Sprecher den Hörer. Wir bekommen eine Rückmeldung, wie das, was wir sagen, ankommt, ob unser Gegenüber noch aufmerksam ist, was in seiner Mimik ablesbar ist, wo vielleicht Fragezeichen sichtbar werden oder Röte aufsteigt. Lächelt unser Hörer oder tritt er einen Schritt zurück? Als Sprecher ist diese Resonanz wichtig, wollen wir nicht am Gegenüber vorbeireden und wünschen wir einen Dialog statt eines Monologs.

Eine lange E-Mail ist vergleichbar mit einem Monolog, einem Beitrag zu einer Debatte, auf die der Empfänger erst ganz am Schluss und zeitverzögert reagieren kann. Es ist gut abzuwägen, wann man sich das als Vorteil zunutze machen möchte und wann es die wirkliche Auseinandersetzung erschwert.

Was geschrieben ist, ist geschrieben. Ungeschickte oder ungenaue schriftliche Äußerungen lassen sich nicht schnell korrigieren oder erklären, rückrudern ist kompliziert und unangenehm. Die Gefahr, missverstanden zu werden, lässt sich einerseits durch schriftliche Kommunikation minimieren, weil man sich Zeit nehmen kann um mit Bedacht zu formulieren, anderseits ist sie aber auch erhöht, weil Geschriebenes ein anderes Gewicht hat als Gesagtes.

Schriftliche Kommunikation über digitale Medien ist hervorragend geeignet, um Informationen schnell und großflächig zu verteilen – wobei auch hier vor dem inflationären Gebrauch und einer Überfülle, in der das eigentlich Wichtige untergeht, gewarnt sei. Sie ist auch für kurze, zeitnahe Mitteilungen oder Minirückmeldungen gut geeignet. Wichtige Gespräche und heikle Themen sollten aber immer bevorzugt in der echten menschlichen Begegnung angesiedelt werden. Tendenziell gilt: Telefon ist besser als E-Mail, Videokonferenz besser als Telefon, ein Gespräch vis-à-vis besser als eine Videokonferenz.

Überlegen Sie, auf welchem Kanal Sie auf eine Nachricht antworten möchten, und klicken Sie nicht vorschnell automatisch auf »antworten«. Eine Schulleiterin erzählte in einem Seminar, sie habe jede noch so böse Beschwerde-E-Mail deutlich entschärfen können, indem sie persönlich zum Telefonhörer gegriffen habe und das Gespräch mit den Beschwerdeführern mit der Frage »Was können wir für Sie tun?« eröffnet habe. Im Sinne dieses Buches ist sicher auch das kein Patentrezept, aber es soll der Schlussgedanke sein, ein Plädoyer für den Wert und die Wirkkraft eines persönlichen Gesprächs im echten Kontakt.

Literaturverzeichnis

Ahl, K. (2019): Elterngespräche konstruktiv führen. Systemisches Handwerkszeug. Göttingen: Vandenhoeck & Ruprecht.

Aich, G./Behr, M. (2015): Gesprächsführung mit Eltern. Weinheim: Beltz Verlag.

Assländer, F./Grün, A. (2006): Spirituell führen. Münsterschwarzach: Vier-Türme-Verlag.

Bartens, W. (2017): Einsame Kranke leiden besonders. In: Süddeutsche Zeitung. 30. März 2017.

Bartz, A./Fabian, J./Huber, S W./Cloft, C./Rosenbusch, H. S./Sassenscheidt, H. (Hrsg.) (2005): Praxis Wissen SchulLeitung. Grundband. Arbeitshilfen. Neuwied: Wolters Kluwer.

Bartz, A. (2006): Gespräche mit Lehrkräften führen. In: Bartz, A./Dammann, M./Huber, S. G./Klieme, T./Kloft, C./Schreiner, M. (Hrsg.): PraxisWissen SchulLeitung. Beitrag 70.11. Köln: Carl Link, Wolters Kluwer.

Bentele, G./Piwinger, M./Schönborn, G. (Hrsg.) (2009): Kommunikationsmanagement. Losebl. (2001 ff.) Art.-Nr. 5.38. Köln.

Blanchard, K./Oncken, W./Burrows, H. (1996): Der Minuten-Manager und der Klammeraffe. Reinbek bei Hamburg: Rowohlt Taschenbuch Verlag.

Bohne, M. (2010): Bitte klopfen! Anleitung zur emotionalen Selbsthilfe. Heidelberg: Carl-Auer-Systeme Verlag.

Böhm, T. (2019): Diese Note akzeptieren wir nicht. Welche Rechte Eltern in der Schule haben. München: mvg-Verlag.

Bönsch, M./Poplutz, K. (2006): Seminarkrisen meistern. Reinbek: Rowohlt.

Cohn, Ruth C.: Von der Psychoanalyse zur Themenzentrierten Interaktion. Von der Behandlung einzelner zu einer Pädagogik für alle. Stuttgart 1975.

Cohn, R.C./Farau, A. (1984): Gelebte Geschichte der Psychotherapie. Zwei Perspektiven. Stuttgart: Klett Cotta.

Drexler, D. (2012): Das Integrierte Stressbewältigungsprogramm ISP. Manual und Material für Therapie und Beratung. Stuttgart: Klett-Cotta.

Ende, M. (1973): Momo. Stuttgart: Thienemann.

Foerster von, H./Pörksen, B. (2019): Wahrheit ist die Erfindung eines Lügners. Gespräche für Skeptiker. Heidelberg: Carl Auer Verlag.

Gelberg, H.-J. (Hrsg.) (2000): Großer Ozean. Gedichte für alle. Weinheim und Basel: Beltz Verlag.

Grawe, K. (2000): Psychologische Therapie. Göttingen: Hogrefe.

Gührs, M./Nowak, C. (2002): Das konstruktive Gespräch. Ein Leitfaden für Beratung, Unterricht und Mitarbeiterführung mit Konzepten der Transaktionsanalyse. 5. überarbeitete Auflage. Meezen: Verlag Christa Limmer.

Gührs, M./Nowak, C. (2013): Trainingshandbuch zur konstruktiven Gesprächsführung. Übungen, Handouts und Theorie-Inputs. 3. Auflage. Meezen: Verlag Christa Limmer.

Hubrig, C./Herrmann, P. (2007): Lösungen in der Schule. Heidelberg: Carl-Auer.

Jähne, A./Schulz, C. (2018): Grundlagen der motivierenden Gesprächsführung. Für Beratung, Therapie und Coaching. Paderborn: Junfermann Verlag.

Lohse, T. H. (2013): Das Kurzgespräch in Seelsorge und Beratung. Eine methodische Anleitung. 4. Auflage. Göttingen: Vandenhoeck & Ruprecht.

Lorenz, T./Oppitz, S. (2018): 30 Minuten. Menschen und Gespräche führen. 2. überarbeitete Auflage. Offenbach: Gabal Verlag.

Martin, L. (2018): Ich krieg dich! Menschen für sich gewinnen. Ein Ex-Agent verrät die besten Strategien. München: Heyne Verlag.

Palmowski, W. (2007): Nichts ist ohne Kontext. Systemische Pädagogik bei »Verhaltensauffälligkeiten«. Dortmund: verlag modernes lernen.

Palzkill, B./Müller, G./Schute, E. (2015): Erfolgreiche Gesprächsführung in der der Schule. Grenzen ziehen, Konflikte lösen, beraten. Berlin: Cornelsen Schulverlage.

Rauscher, H. (1997): Gesprächsführung als Schlüsselkompetenz des Schulleiters. Schulleiter-Handbuch Bd. 81. München: R. Oldenbourg Verlag.

Riedener Nussbaum, A./Storch, M. (2018): Ich packs! Selbstmangement für Jugendliche. Ein Trainingsmanual für die Arbeit mit dem Zürcher Ressourcen Modell. 4. Auflage. Bern: Hogrefe Verlag.

Rogers, C. R. (2018): Die nicht-direktive Beratung. 5. Auflage. Frankfurt am Main: Fischer Taschenbuch.

Rosenberg, M B. (2010): Gewaltfreie Kommunikation. Eine Sprache des Lebens. 9. Auflage. Paderborn: Junfermannsche Verlagsbuchhandlung.

Satir, Virginia (2010): Kommunikation – Selbstwert – Kongruenz. Konzepte und Perspektiven familientherapeutischer Praxis. 8. Auflage. Paderborn: Junfermann Verlag.

Schaffner, B. (2000): Einer von uns beiden muss sich ändern und mit dir fangen wir an! Ein Konfliktratgeber für Lehrerinnen und Lehrer. Baltmannsweiler: Schneider Verlag Hohengehren.

Shazer de, S. (1997): Die lösungsorientierte Kurztherapie. Ein neuer Akzent der Psychotherapie. In: Hesse, J. (Hrsg.): Systemisch-lösungsorientierte Kurztherapie. Göttingen: Vandenhoeck & Ruprecht.

Shazer de, S./Dolan Y. (2016): Mehr als ein Wunder. Lösungsfokussierte Kurzzeittherapie heute. Fünfte Auflage. Heidelberg: Carl-Auer-Systeme Verlag.

Schlippe, A. von/Schweitzer, J. (2013): Lehrbuch der systemischen Therapie und Beratung I. Das Grundlagenwissen. Göttingen: Vandenhoeck & Ruprecht.

Schmidt, G. (2019): Grundkurs Hypnosystemische Konzepte. Vortrag im Rahmen des Metaforum SommerCamps in Abano. Auditorium-Netzwerk.

Schulz von Thun, F. (1981): Miteinander Reden 1. Störungen und Klärungen. Reinbek bei Hamburg: Rowohlt Taschenbuch Verlag.

Schulz von Thun, F. (1989): Miteinander Reden 2. Stile, Werte und Persönlichkeitsentwicklung. Reinbek bei Hamburg: Rowohlt Taschenbuch Verlag.

Schulz von Thun, F./Stegmann, W. (Hrsg.) (2004): Das innere Team in Aktion. Praktische Arbeit mit dem Modell. Reinbek bei Hamburg: Rowohlt Taschenbuch Verlag.

Schwing, R./Fryszer, A. (2015): Systemisches Handwerk. Werkzeug für die Praxis. Göttingen: Vandenhoeck & Ruprecht.

Shapiro, R. (2017): Ego-State-Interventionen leicht gemacht. Strategien für die Teilearbeit. Lichtenau/Westf.: G. P. Probst Verlag GmbH.

Shazer, de, S. (1997): Die lösungsorientierte Kurztherapie – Ein neuer Ansatz der Psychotherapie. In: Hesse, J. (Hrsg.): Systemisch-lösungsorientierte Kurztherapie. Göttingen: Vandenhoeck & Ruprecht.

Stewart, I./Joines, V. (2010): Die Transaktionsanalyse. Eine Einführung. 10. Auflage der Taschenbuchausgabe. Freiburg im Breisgau: Verlag Herder.

Stahl, E. (2009): Das ideale Feedback-Empfangskomitee – zur Psychodynamik des Feedback-Empfangs. In: Schulz von Thun, F./Kumbier, D. (Hrsg.): Impulse für Führung und Training. Kommunikationspsychologische Miniaturen (2). S. 105-126. Reinbek beim Hamburg: Rowohlt Verlag.

Wachtel, S. (2019): Echt jetzt? Irrtümer über Authentizität. In: managerSeminare, H.261, S. 54-61.

Wahl, D. (2006): Lernumgebungen erfolgreich gestalten. Vom trägen Wissen zum kompetenten Handeln. 2. Auflage mit Methodensammlung. Bad Heilbrunn: Verlag Julius Klinkhardt.

Watzlawick, P./Beavin, J. H./Jackson, D. D. (1974): Menschliche Kommunikation. Formen, Störungen, Paradoxien. Bern, Stuttgart, Wien: Hans Huber.

Weinberger, S. (2013): Klientenzentrierte Gesprächsführung. Lern- und Praxisanleitung für psychosoziale Berufe. 14. Auflage. Weinheim und Basel: Beltz Juventa.

Zwack, J./Schweitzer, J. (2009), Bausteine systemischer Führungskräftetrainings. In: Organisationsberatung-Supervision-Coaching. Heft 16. Berlin: Springer Verlag.